用户知识付费行为及教育共富研究

卢艳强　著

中国水利水电出版社
www.waterpub.com.cn
·北京·

内 容 提 要

本书主要研究用户知识付费领域的相关现象、行为习惯等，旨在揭示知识付费用户发展的基本规律和相关问题。首先，本书介绍了知识付费的内涵、界定与特点，对知识付费及其已往的相关研究进行了梳理，总结了其发展规律；然后，本书以计划行为理论与持续理论为理论基础，综合运用文献分析法、调查问卷法与结构方程模型法，构建知识付费影响因素模型；最后，本书进行了知识付费与教育共富发展的关系研究，相关内容包括教育共富的目标与意义，教育共富研究的方向与内容，知识付费对教育共富发展的影响，以及知识付费推动教育共富高质量发展的路径。

本书可供相关领域研究人员和工作者及相关专业师生参考，也可供对知识付费相关理论感兴趣的读者阅读。

图书在版编目（CIP）数据

用户知识付费行为及教育共富研究 / 卢艳强著
. —北京：中国水利水电出版社，2024.3
ISBN 978-7-5226-2294-1

Ⅰ.①用… Ⅱ.①卢… Ⅲ.①信息服务业—用户—行为分析—研究 Ⅳ.① F490.5

中国国家版本馆 CIP 数据核字（2024）第 023540 号

书　　名	用户知识付费行为及教育共富研究 YONGHU ZHISHI FUFEI XINGWEI JI JIAOYU GONGFU YANJIU
作　　者	卢艳强　著
出版发行	中国水利水电出版社 （北京市海淀区玉渊潭南路 1 号 D 座 100038） 网址：www.waterpub.com.cn E-mail：zhiboshangshu@163.com 电话：（010）62572966-2205/2266/2201（营销中心）
经　　售	北京科水图书销售有限公司 电话：（010）68545874、63202643 全国各地新华书店和相关出版物销售网点
排　　版	北京智博尚书文化传媒有限公司
印　　刷	河北文福旺印刷有限公司
规　　格	170mm×240mm　　16 开本　　13.75 印张　　207 千字
版　　次	2024 年 3 月第 1 版　　2024 年 3 月第 1 次印刷
定　　价	69.00 元

前　言

随着互联网的蓬勃发展，网络信息急剧增加，用户对快速获取优质信息的需求日益增强。于是，出现了许多提供优质专业内容的在线知识平台。这些在线知识平台，经过初期的免费阶段过渡后，大都采取收费模式来维持正常运营。在线知识付费（简称"知识付费"）在这一背景下应运而生，近些年呈现了井喷式发展，极大地满足了用户从海量信息中获取有效信息的需求。

然而，近两年知识付费用户数量增长放缓，引起社会和学界的广泛关注。有很多学者对影响知识付费的因素进行了深入探讨，但目前来看，通过梳理相关研究的方式进行的综述类研究不多，另外，这些研究都存在考虑的影响因素偏少及对影响因素之间的关系的研究不够明确等各种不足，无法有效揭示知识付费用户滞涨和平台发展缓慢的根源。同时，知识付费与共富下的教育共富话题的研究也很少。

鉴于此，本书对知识付费相关研究进行全面、详细的梳理，包括知识付费的内涵、界定与特点，知识付费的演化过程，知识付费发展的基础，以及知识付费发展的必然性分析。本书以计划行为理论与持续理论为理论基础，综合运用文献分析法、调查问卷法与结构方程模型法构建知识付费影响因素模型，其中包括3个子模型：①基于计划行为理论，引入感知质量、感知费用（perceived cost，PC）、信任、体验与用户资源5个外部变量构建模型，采用定量实证方法揭示它们对用户知识付费的影响；②基于持续理论，引入感知易用性与感知娱乐性2个外部变量构建模型，运用定量实证方法阐明它们对用户知识付费的影响；③综合感知有用性、满意度（satisfaction，SAT）、知觉行为控制（perceived behavioral control，PBC）、主观规范与免费意识 5 个变量构建模型，明确免费意识、主观规范与知觉行为控制对用户知识付费的调节作用，以及付费意愿在知觉行为控制与付费行为之间的中介作用。本书进行了知识付费与教育共富发展的关系研究，相关内容包括教育共富的目标与意义、教育共富研究的方向与内容，知识付费对教育共富发展的影响，以及知识付费推动教育共富高质量发展的路径。

本书的研究结论与创新点如下：

第一，增加了知识付费影响因素。运用调查问卷方法与实证分析方法进行研究，阐释感知费用、货币资源、时间资源 3 个变量与知识付费的关系，其中感知费用负向显著影响知识付费；货币资源与时间资源均通过付费态度、知觉行为控制 2 个变量，间接正向显著影响知识付费（货币资源对知识付费的影响更大）。

第二，揭示了免费意识在感知有用性（perceived useful，PU）与付费意愿之间、满意度与付费意愿之间均起着负向调节作用，厘清了感知有用性、满意度与付费意愿之间的关系，同时为进一步探析知识付费提出了新思路。在现有的研究中，感知有用性、满意度与付费意愿三者之间的关系说法多样，没有统一的说法。本书通过定量实证分析得出，当感知有用性或满意度升高时，高免费意识比低免费意识负向影响用户付费意愿的强度更强。

第三，综合了计划行为理论与持续理论，构建了知识付费的理论模型。现有的研究更多探讨的是初次知识付费影响因素，也有少数只研究持续知识付费影响因素的，但未将二者结合起来进行综合研究。本书将主要研究初始行为的计划行为理论与主要研究持续行为的持续理论相结合，引入多个情境变量，构建综合模型，更全面、更系统地研究知识付费影响因素。

第四，提出了知识付费推动教育共富发展的思路。现有研究更多的是研究用高等教育、职业教育等方式推动教育共富发展，其中，围绕职业教育的研究较多，然而，为了实现全民教育共富，就要使"提低、扩中"群体规模扩大，知识付费平台上的知识产品可在一定程度上满足各类人群的需要。鉴于此，从知识付费角度研究与教育共富的关系有一定的前瞻性和指导性。

本书最后根据综述、实证与教育共富研究结论，从提升产品与服务质量、建立平台信任体系、优化产品价格、丰富产品形式、加大教育共富服务力度5个方面为知识付费的发展和完善提出了建议。

目　录

第1章 绪 论

1.1 研究背景与问题提出

知识经济时代的问题被广泛关注，尤其在共享经济高速发展的今天更是如此。物联网、大数据、人工智能、云计算、区块链等炙手可热的概念及应用都离不开移动互联网等信息技术的支持。互联网与移动互联网为推进社会进步、促进经济与教育发展带来了巨大的机会。近年来，中国文化产业交易额显著提高，年增加值持续攀升，但与欧美等发达国家相比，仍有较大差距。分享经济的出现将带动中国文化产业的发展。我国在2016年首次将"共享经济"写入《政府工作报告》，支持共享经济的发展及应用，这对我国资源效率提升起到显著的推动作用[1]。其中，知识付费是分享经济的重要组成部分，知识付费井喷式发展为中国文化产业与知识分享经济的持续、快速发展注入了强大动力。

为知识付费是一个古老的传统，孔子曾经说过"自行束脩以上，吾未尝无诲焉"。可见即使是有教无类的孔圣人，也是要以肉干为学费的。知识付费的对象比较广泛，不仅有早已出现的"付费墙"，更有互联网或移动互联网知识平台上销售的一切知识产品。2015年众多知识付费类平台逐渐发展，以知乎、"微博问答"、豆瓣、"得到"、喜马拉雅FM、"分答"等为代表，全部实现了移动客户端的在线支付。2016年，喜马拉雅FM"双十一"节累计销售总额1.96亿元，同一时期推出的《好好说话》的付费音频上线首日收入 500 万元 [2]。知乎举办了 1442 场微讲座，737 位主讲人平均时薪大约 1 万元，单场最高收入 19 万元，最多参与人数 12 万 [3]。知识付费引起广泛关注，《2017 年中国分享经济发展报告》将 2016 年称为"知识付费元年"[4]。2020 年在线知识付费市场交易增长到 392 亿，用户总数上升到 4.18 亿，2021 知识付费领域的增速达 13.2%[5]，仍有很大的发展空间。

知识付费快速发展并非偶然，不仅因为共享经济得到了国家大力支持，而且从社会、供需视角来看，这也是必然的。从社会视角来看，其一是网络用户规模大、移动支付普及率高以及基于 Web 2.0 的应用逐渐成熟；移动用户比例显著提升，潜在用户规模巨大。该报告还指出：我国移动网络的终端连接总数已达 35.28 亿户，移动物联网连接数达到 18.45 亿户，万物互联基础不断夯实 [5]；其二是消费升级，即服务消费比例日趋增加。现在，收入的提高满足了人们的物质需要，也让个人选择消费支出更多元化，同时个人精神需求也不断增长，随着人们版权保护意识的提升及互联网内容产品的发展，用户网上付费观念逐步形成，使得知识付费成为可能。从供需关系来看，一方面，用户对知识、自我提升与提高效率的需求是知识付费兴起的基础之一，而且知识付费拥有大量的高黏度种子用户，当种子用户增加时，就会推动知识付费平台发展；另一方面，知识付费平台中的资深专家、知名学者与富有经验人士成为知识提供方，保证了知识的质量与数量。总的来看，国家政策的支持、付费观念的逐步形成、规模巨大的潜在用户与愈发成熟的移动支付渠道，这些都预示知识付费市场前景一片大好。

不过喜马拉雅 FM、"得到"App、知乎、豆瓣等知识付费平台也存在一些共性问题，如定价混乱 [6]、市场机制存在缺陷 [7]、产品同质化严重 [8] 等。学者们为知识付费平台发展提出了各种有针对性的建议与意见，同时平台方也在不断地优化运营与管理模式，但是面对众多棘手问题，对这类平台能够发展的质疑也会越来越多。如今，用户免费获取在线内容极为普遍，如免费搜索、免费新闻报道、免费邮箱等 [9]，免费经济学成为网络企业主的重要参考[10]，网络用户通过免费方式获取知识满足了基本需要，但随着高质量内容的不断流失，愿意为节省搜索时间及其不确定因素付费的用户显著增多，使得知识变现成为可能[11]。从免费到付费的转变并非偶然，而是受诸多因素的影响。

用户付费购买知识，而不再免费获取知识，产生此现象的原因还在研究初期。长期以来，存储庞大内容的互联网已成为用户免费获取知识的一条有效途径，网络上内容的质量参差不齐，且数量巨大，获取真正需要的内容要花费大量的时间与精力，建立一个知识分享的内容型社区似乎能够满足用户对知识的需求，不过用户知识分享"囚徒困境"较为普遍，在个人利益大于集体利益的背景下，这类内容社区似乎走到了尽头，像知乎、喜马拉雅 FM、豆瓣、"罗辑思维"等内容型社区尝试了知识付费，成为知识付费平台。不过对于免费获取网络内容，人们早已达成共识，免费已成为商家吸引用户的惯用方法，但是免费不会走得太远，付费才是未来的发展方向。通过付费平台可筛选出专业的知识生产者，标记出高质量的知识产品，减少搜寻所需要知识的时间成本，以及诸多不确定因素均可能有助于扩大付费用户规模，进而提升付费用户比例。

尽管知识付费取得了一些成绩，但是用户不愿付费或付费意愿较低的问题极为突显，从艾瑞咨询发布的报告可知，高达 65% 的用户付费意愿较低，其中 15% 从未付费[12]。再有，中国青年报社会调查中心对 2001 位用户的调查发现，63.6% 的问卷回答者支持知识付费，26.1% 的问卷回答者却不愿意付费[13]。与此相似，知识付费平台中的知识产品的使用率与重复购买率比例并不高，大部分知识付费平台的使用率仅为 7%；"知乎 Live"的重复购买率约是 43%[1]，而大部分知识付费平台用户重复购买率仅为 30%[14]。有调查显示，38% 的用户对知识付费的体验（experience，EXP）感到满意并有意愿再次尝试；49.7% 的用户表示一般；12.3% 的用户表示不满意[15]。由此可以看出，用户为知识付费的比例并不高，而制约用户为知识付费的影响因素并不清楚。找到影响知识付费的根源是学者们广泛关注的热点、难点。在有关知识付费影响因素的研究中涉及的主要理论有社会资本理论、计划行为理论（theory of planned behavior，TPB），技术接受模型（technology acceptance model，TAM）整合理论、感知价值理论、现状偏差理论与社会交互理论等。虽然部分研究是将两个理论或多个理论整合起来揭示知识付费影响因素之间的关系，但更多的是以一个理论为主，并引入一个或多个其他理论中的某一变量来进行研究，缺乏系统性与完整性。

当前知识付费影响因素主要分成以下4类。

（1）基于计划行为理论。行为意愿（behavioral intetion，BI）、行为态度、主观规范（subjective normation，SN）、直接行为控制、货币资源（monetary resources，MR）、相对利益、付费习惯、版权意识、集体规范、体验、信任（trust，TRU）、感知质量、获取难度、货币资源、时间资源（time resources，TR）都是正向显著影响付费行为的动力因素。

（2）基于社会资本理论。认知维度、评价维度、情感维度、共同语言是付费行为的动力因素，认同、共同愿景与社会交互联结对付费意愿显著相关。

（3）基于信任理论。信任正向显著影响付费意愿。

（4）基于社会认知理论。自我效能正向显著影响付费意愿。

下面介绍有关知识付费影响因素研究仍存在的问题。

（1）知识付费影响因素的研究不够系统。现有知识付费影响因素的研究对知识付费内涵的理解较单一，使得一些研究多侧重于研究初次知识付费影响因素，而另一些研究只着重研究持续知识付费影响因素，并未将二者结合起来综合研究，以致得到的在线知识影响因素并不系统。

（2）研究知识付费影响的理论较为单一。在知识付费的实证文献中，学者们虽然聚焦于用户付费行为研究，但基本均采用社会心理学领域的单一理论，理论整合与视角的系统性还需要进一步充实与完善。

（3）研究使用的方法大多是定量方法而非定性方法，所以发现的知识付费影响因素还比较少。定性研究能通过对一手资料进行更多的分析，发现更多变量之间的关系，能弥补使用定量方法获得的变量少的不足。

由此，本书对知识付费相关研究进行了全面梳理，将主要研究初始行为的计划行为理论和研究持续行为的持续理论（expectation confirmation model of information System Continuance，ECM-ISC）相结合，并引入多个情境变量，构建知识付费影响因素理论模型，得出知识付费影响因素。同时，探讨知识付费与教育共富发展的关系，丰富知识付费助力共富发展的内涵，具有极强的实践意义和指导价值。

1.2　研究目的与意义

1.2.1　研究目的

近几年，知识付费井喷式发展，极大地满足了用户从海量信息中获取有效信息的需求。然而近两年，知识付费用户数量增长放缓，同时制约了知识付费平台的发展，引起了社会和学术界的广泛关注。目前来看，存在考虑的影响因素偏少及对影响因素之间的关系研究不够明确等各种不足。本书通过区分初次知识付费与持续知识付费的不同，采用计划行为理论与持续理论，找到影响初次在线知识付费与持续知识付费的关键因素，揭示知识付费用户滞涨和平台发展缓慢的根源。

1.2.2　研究意义

1. 理论意义

第一，丰富囚徒困境问题相关研究的理论成果。本书通过对博弈论模型的分析，揭示了初期知识平台引入知识付费变量后，知识生产方与知识需求方的占优策略是（提供知识，付费）避免出现纳什均衡（不分享，不分享）：一方面，创造性地引入知识付费变量构建博弈模型，从理论上支持知识需求方选择付费决策对个人有利；另一方面，验证性地支持完全信息静态博弈对研究囚徒困境问题的理论价值。综合来看，丰富了囚徒困境问题相关研究的理论成果。

第二，印证了系统性研究的有效性。本书将用于初始行为研究的计划行为理论与用于持续行为研究的持续理论相结合，构建一个更系统的知识付费影响因素理论模型，得出了更多必要的知识付费影响因素，这说明成系统的理论模型可以避免单一、片面、不完整的研究，保证研究的有效性。

第三，明确了感知有用性、满意度与付费行为之间的关系，拓展了知识付费影响因素研究的边界。原有实证结果验证了感知有用性、满意度直接地、显著地影响付费意愿，而从本书研究可知，免费意识在感知有用性与知识付费之间起负向调节作用，同时在满意度与知识付费之间起负向调节作用，该结论不但得出了感知有用性、满意度与付费意愿三者之间的直接关系，而且也阐释了有免费意识调节变量参与下的三者之间更复杂、真实的关系。

第四，拓展了计划行为理论模型。在计划行为理论的基础上，引入感知费用、体验、信任与感知质量等多个情境变量，构建计划行为理论的拓展模型，可得出以下结论：（1）感知费用、付费意愿、知觉行为控制共同解释知识付费，其中感知费用与知识付费负相关，而以往研究认为只有付费意愿与知觉行为控制两个变量正向显著影响知识付费。（2）货币资源与时间资源均通过知觉行为控制间接正向显著影响知识付费。

第五，验证了存在争议的理论结果。

（1）主观规范对感知有用性与行为意愿有调节作用不成立。长期以来，主观规范在感知有用性与行为意愿之间是否存在调节作用尚无定论，而本书经实证检验证实主观规范在感知有用性与知识付费意愿之间有调节作用不成立。

（2）知觉行为控制通过付费意愿间接影响付费行为。现有研究认为，知觉行为控制与行为意愿、行为的关系有两种：一是知觉行为控制起到调节作用；二是知觉行为控制经由行为意愿影响行为，付费意愿充当中介变量。然而，本书经实证得到行为意愿是在知觉行为控制与行为之间起到部分中介作用。通过研究知识付费影响因素来验证存在争议的理论结果，有助于找到变量之间的准确关系。

2. 实践意义

第一，构建一个成系统地发现知识付费影响因素的理论模型。本书将知识付费分成初次知识付费与持续知识付费两个阶段，采用用于研究初始行为的计划行为理论与持续行为的持续理论，构建综合模型，找到了不同付费阶段的影响因素，这种分阶段研究方法有助于细化知识付费平台发展，可使平台更精准地满足用户需求，也有利于知识付费平台能够利用这些信息有针对性地增加新用户，留住老用户，共同促进平台用户数量增长。

第二，为用户免费意识对知识付费的负向影响提供理论依据。本书揭示了免费意识在满意度与付费意愿之间的负向调节关系及免费意识在感知有用性与付费意愿之间的负向调节作用。此外，免费意识对付费意愿的直接负向影响显著。从结论中可知，知识付费平台不仅能提高产品或服务的满意度与有用性，还要考虑用户长期形成的免费意识，因而这类平台要采取措施，来削弱用户的免费意识对为知识产品付费负向影响的，才会更有成效地改善用户不愿为知识付费的现状。

1.3 研究方法与路线

1.3.1 研究方法

1. 文献分析法

首先，回顾知识付费、电子商务、在线旅游、在线教育、在线阅读等多种不同情境的在线支付行为，明确了用户知识付费的研究现状；其次，整理以计划行为理论为基础的用户行为影响因素研究的现状；最后，整理以持续理论为基础的用户行为影响因素研究的现状，并了解了这些理论的适用性、科学性与优势。

2.调查问卷法

调查问卷在实证研究中是较为普遍的用于收集数据的方法。成本低、节省时间是该方法较明显的优势。随着移动网络的发展，学者们大都采用了电子版问卷，并通过移动社交媒体平台向用户发放。

调查问卷的问题要简明扼要且应遵循一个概念由一个问题界定原则，问卷设计常出现的问题：

（1）受调查者的局限性。现有研究是以学生群体为研究对象，虽然可以极大地降低成本，但有可能无法如实反映真实世界的情境，若选择商业环境下的用户为研究对象，结果的误差会减小[16-17]。

（2）单一研究偏见[18]。单一研究偏见是指受调查者的国家、种族、年龄、偏好等基本信息的相似性影响结果的准确性。

（3）问卷回收率低的问题[16]，会产生研究结果对未回答问卷人群适用性不高的结论。

3.结构方程模型法

结构方程模型（structural equation model，SEM）应用广泛，可同时分析内生变量与外生变量内部关系及它们之间的关系。

优点主要有三方面：首先，较高的因子载荷的测量精密度；其次，同一个观察变量可同时用于不同潜变量的测量；最后，通过检验一个新研究的理论模型的适配度参数，评价该模型假设的路径分析模型图与收集的数据是否相互匹配[19]。大样本的统计分析适合采用结构方程模型，大部分社会科学的实证研究样本数范围为200～500[20]，或者样本数量与潜变量比例在 5 ：1 以上[21]。此外，结构方程模型还适用于社会科学与行为科学关注的行为预测研究，这是因为社会科学与行为科学是以个人行为为研究对象，具有高度的复杂性，尤其网络环境下的复杂性逐渐加大，同时要求研究工具要不断提升解释能力。因此，具有精确确认与检查复杂路径模型优点于一身的结构方程模型，可同时对模型中的多个不同潜变量的关系进行检验与预测[22]。

用于结构方程模型分析的软件主要有 LISREL、AMOS 与 PLS 等，AMOS 与 LISREL 是使用更为普遍的软件，各具优势与不足。其中，LISREL 最早是由 Joreskog 与 Sorbom 结合矩阵模型用于协方差结构分析的软件。该软件主要用于分析调查问卷或访谈收集的数据的验证性分析，被学者广泛接受，学者们几乎将 LISREL 与结构方程模型视为同一个概念，软件要求样本量是观察变量总数的 5 ~ 10 倍[23]。然而，近年来使用 AMOS 工具对结构方程模型进行分析越来越普遍并得到广泛地认可。为了清楚 AMOS 与 LISREL 工具的异同有必要将二者进行对比，见表 1.1。

表 1.1　AMOS 与 LISREL 工具的特征比较

项　目	AMOS	LISREL
统计方法	因素分析 + 路径分析	因素分析 + 路径分析
分析方式	矩阵分析	协方差矩阵
是否为探索式分析工具	是	是
结构方程模型理论中的字母能否使用	无法使用	可以使用
界面图形式操作	是	否

PLS 可以用作结构方程模型路径分析，但不同于 AMOS 与 LISREL。首先，PLS 通过回归估计路径模型中的相关性，主要是探索性分析工具；其次，PLS 不能用于假设检验；再次，PLS 要求样本量大大超过 AMOS 与 LISREL 的要求，其样本量是量表观察变量总数的 10 倍以上[23]；最后，PLS 拟合统计不适用于整个路径模型，因为 PLS 是一种"有限信息"方法，见表 1.2。综上，对结构方程相关情况进行了描述，以及比较了 AMOS、LISREL 与 PLS 的异同点。因此，本书采

用 AMOS 对假设组成的理论模型进行验证性分析，通过调查问卷获取用户采用行为的原始数据。

表 1.2　AMOS/LISREL 与 PLS 的对比

项　　目	AMOS/LISREL	PLS
适用研究	探索性分析与解释性分析	探索性分析
样本规模	题项数目的 5 ～ 10 倍	题项数目的 10 倍以上
信息完整性	整个模型路径分析，全部信息	部分模型路径分析，有限信息

1.3.2　研究路线

论文研究思路包括文献梳理、理论模型构建、数据收集与分析和得出结论。

（1）文献梳理。研究知识付费现状，提出研究问题；回顾知识付费相关研究、计划行为理论与持续理论的相关研究，熟悉知识付费影响因素研究进展及弄清研究的理论依据。

（2）理论模型构建。采用计划行为理论与持续理论，构建知识付费影响因素理论模型，包括三个子模型：一是基于计划行为理论的模型，从理性与非理性两个维度引入感知质量、信任、体验与用户资源等外部变量，通过定量实证验证它们与初次知识付费的关系；二是基于持续理论的模型，引入感知有用性、满意度、感知易用性（perceived use of ease，PUE）与感知娱乐性（perceived pleasure，PP）4 个变量，通过定量实证验证它们与持续知识付费的关系；三是进一步引入免费意识变量，通过实证验证免费意识、主观规范、知觉行为控制对知识付费的调节作用，以及付费意愿在知觉行为控制与付费行为之间的中介作用的模型。

（3）数据收集与分析。访谈与调查问卷相结合收集数据，运用结构方程模型对有效数据进行分析。

（4）研究结论。根据数据结果进行总结并得出结论。本书技术路线图如图1.1所示。

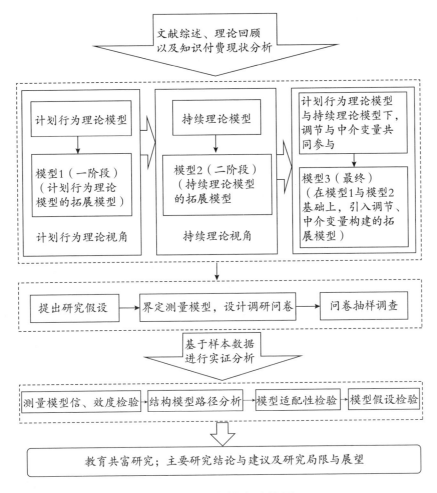

图1.1　本书技术路线图

1.4　研究框架

本书的研究框架如图1.2所示。

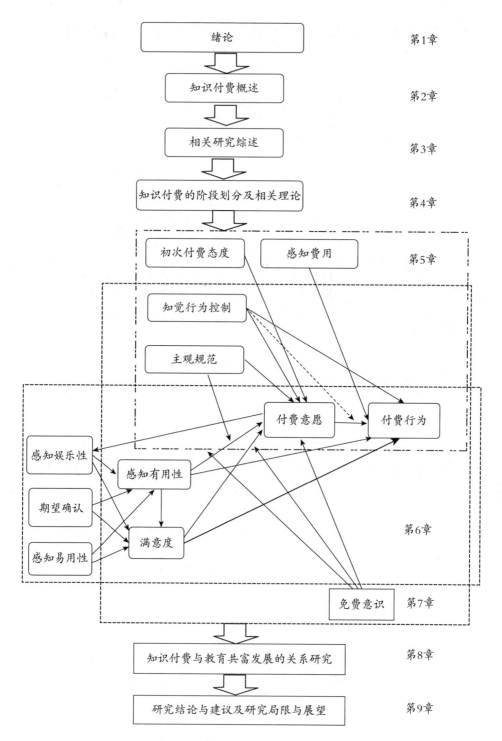

图 1.2 结构框架

1.5 研究创新

本书采用用于初始行为研究的计划行为理论与持续行为研究的持续理论，构建知识付费影响因素理论模型，成体系逐步递进分析了初始与持续知识付费影响因素。本书聚焦于知识付费这一新兴情境，并在研究中取得了一定突破，引入真实情境的概念，构建结构方程模型，拓展了理论研究的边界，丰富了研究内涵，创新之处在于：

第一，增加了知识付费影响因素。运用调查问卷方法与实证分析方法进行研究，阐释了感知费用、货币资源、时间资源三个变量与知识付费的关系，其中，感知费用负向显著影响知识付费；货币资源与时间资源均通过付费态度、知觉行为控制两个变量，间接正向显著影响知识付费（货币资源对知识付费的影响更大）。

第二，揭示了免费意识在感知有用性与付费意愿之间、满意度与付费意愿之间均起着负向调节作用，厘清了感知有用性、满意度与付费意愿之间的关系，同时为进一步探索和剖析知识付费提出了新思路。目前研究中，感知有用性、满意度与付费意愿三者之间的关系模糊，没有统一说法。本书通过定量实证分析得出，当感知有用性或满意度升高时，高免费意识比低免费意识负向影响用户付费意愿的强度更强。

第三，综合了计划行为理论与持续理论，构建了知识付费的理论模型。

现有研究更多探讨的是初次知识付费影响因素，也有少数只研究持续知识付费影响因素的，但未将二者结合起来综合研究。本书将主要研究初始行为的计划行为理论与主要研究持续行为的持续理论相结合，引入多个情境变量，构建综合模型，目的是全面、系统地研究知识付费影响因素。

第 2 章 知识付费概述

2.1 知识付费基础知识

2.1.1 知识付费的定义

1. 知识的定义

知识是一个不断发展的概念，在不同历史时期具有不同的内涵，外延也十分广泛。知识的复杂性与开放性等特征也使其较难有一个清晰的概念，是多学科持续讨论的命题。

在哲学史上，柏拉图将知识定义为"被证实的真的信念（Justified Trce Belief）"。

《辞海》给出的解释："知识是人们在社会实践中积累起来的经验，从本质上而言，知识属于认识的范畴。"

《现代汉语词典》给出的定义："人们在社会实践中所获得的认识和经验的总和。"

《韦氏词典》给出的解释："知识是人们通过实践对客观事物及其运动过程及规律的认识，是对科学、技术和艺术的理解，是人们获得关于真理和原理的认识的总和。"

早在 1965 年，管理学家彼得·德鲁克就预言："知识将取代土地、劳动、资本与机器设备成为最重要的生产因素，在一百年后能够写出一本即使不是命名为《知识论》，也是与此命题相关的《下一个社会的管理》，那将意味着我们已成功地跨越资本主义和社会主义时代。"他认为知识就是一种能够改变某些人或某些事物行为的信息[24]。

在信息科学方面，将知识视作信息经过加工《下一个社会的管理》的产物。在知识金字塔中，提到了信息、知识和智慧的关系，后人将其衍生为 DIKW 模型：最底层是资料（data），接着是信息（information），然后是知识（knowledge），最顶层是智慧（wisdom），在这个模型里，由于知识和智慧包含了很多个人思想，属于更有价值的事物[25]。其中，数据是指未经加工的事实或对客观事物的描述，当经过加工的数据对接收者有用，对决策或行为有现实或潜在的价值，就形成了信息。不过，知识与信息不同，信息是客观存在的，而知识是由信息抽象出来的，是一种普遍与概括性的信息[26]。知识产品也可像实物产品一样进行交易，随着知识付费的高速发展，知识付费的定义也在不断被修正与强化，已成为人们获取知识的一种途径，学术界对知识付费概念的内涵与界定又是怎样呢？

2. 知识付费的定义

知识付费亘古既有，在《论语》中就有"自行束修以上，吾未尝无诲焉"的记载，那时大多是以面对面传授、学习为主要形式。如今，互联网已成为人们获取知识的普遍而又重要的途径，为知识付费的出现打下了牢固的基础。然而，学者们依据不同视角给出了不同的知识付费的定义，有些定义较为抽象，有些过于具体，这使得人们对知识付费的认识仍未达成一致，见表 2.1。

表 2.1　知识付费的定义

参考文献	定　义
极光 大数据[27]	消费者通过互联网技术付费，获取垂直领域的个性化信息、资源和经验等，达到认知提升、情感满足、阶级归属等目的的消费行为
陈志强[28]	知识提供者将自身的经验、学识、认知等相融合，在结构化与系统化为标准的前提下，生产出用户为满足自身修养等需求的知识产品，形成了一种创新产业形态
王鹏涛 等[29]	依托网络平台技术，用户为达到认知提升、情感满足、阶级属性等目的的垂直领域的个性化信息、经验与资源付费的消费行为

参考文献	定　义
杜智涛 等[30]	特指知识订阅、微讲座、知识社群、知识问答、知识咨询、电子书、知识打赏等产品类型
方爱华 等[31]	虚拟社区知识分享并非无偿而是通过交易实现知识交换的行为称作知识付费
周涛 等[32]	由付费问答 / Live、付费订阅 / 专栏、付费社群等模式组成
胡泳 等[33]	在认同柏拉图给出知识是由信念、确证与真三要素组成的前提下，提出知识付费的知识产品视作"正确的意见"，隶属于内容范畴
郭宇 等[34]	用户通过网上交易分享信息、知识服务获取收益的传播模式
宗瑞冰[35]	知识付费是指内容创造者将书籍、理论知识、信息资讯等知识与自身认知积累相融合，使其系统化和结构化，从而转化成标准化的付费产品，借助知识付费平台所搭建的付费机制与业务模式传递给用户，以满足用户自身认知提升、阶级归属、丰富谈资等需求的创新产业形态

基于前人对知识付费的定义，这里从知识产品分类与特征两方面提出，知识付费特指知识咨询 / 问答、专栏 / 精品课程、微讲座与听书四种形式，并且这些知识产品具备专业性与有用性特征，用户为获取知识产品具有较强的自主性与能动性。知识付费平台是指基于互联网、移动通信技术，通过手机或计算机等硬件设备访问承载知识产品的网站或客户端，为获取知识产品的用户与生产知识的提供者搭建起的交易平台。

2.1.2　知识付费的内容

知识付费自 2015 年兴起，2016 年是"知识付费元年"，学者们对知识付费概念的界定并不清晰，由于知识付费形式与内容多种多样，新的内容形式也不断出现，给出一个精准的定义并不容易。一般来讲知识付费是"在线知识付费"的简称,本书采用"知识付费"。

学者们对知识付费的理解并不相同,其内涵较为丰富。例如,黄帅抱有积极的态度,认为知识付费是一种典型的市场行为,是一种符合契约精神的等价交换,由知识生产者和知识需求者两类人群组成[36]。又如,喻国明等认为知识付费是内容付费另一种发展形式,其略晚于视频、音乐等内容付费出现,用于缓解移动互联网用户知识焦虑[37],该研究试图从内容类型上界定,不过内容类型涵盖的范围较广,仍较为模糊。又如,沈嘉熠从宏观上将知识付费定义为知识付费行业,内容 + 服务是知识付费的核心[38],不过仅仅从知识付费生态链和产品分类上给出了知识付费的范围。再如,刘友芝将知识付费视作知识付费业态,互联网知识付费平台型企业是发展的主力军,包括知乎、得到 App、喜马拉雅 FM 等,从知识生产者、知识消费者、知识付费平台遇到的问题阐释知识付费[39]。再如,杜智涛等从知识付费产品的知识含量、系统化程度、用户人群与知识生产者是否为某一特定主体方面进行了定义[30]。以上多位学者针对知识付费的探讨,主要从三个方面对知识付费进行了界定:其一,知识付费与内容付费的关系;其二,较为宽泛地列举知识付费产品的分类,或者给出知识付费产品具备的较为复杂的特征;其三,将知识付费视作市场行为过程。因此,在已有研究的基础上,笔者从宏观与微观两个视角对知识付费进行阐释,并将知识付费看作多个产品形式的组合,以此对其界定,同时也能清晰将其与内容产品进行区分。

从宏观上来看,知识付费即知识付费产业。知识付费产业是指在知识生产过程中价值产生的各个环节,是以付费产品为核心衍生出来的利益相关、分工不同、能够在各自的产业环节完成自循环的上下游的业态结合体。从产品定义、用户研究、市场分析、市场定位、产品策划、体验设计、产品研发到产品运营等相关环节都隶属于知识付费产业。知识付费产业包含的内容十分广泛,若向外延伸还包括在线教育或在线学习等,这是从宏观视角勾勒出的知识付费蓝图,但是知识付费的概念仍不清晰。

本书从微观视角，用两个维度将知识付费与其他内容付费进行区分：知识内容是否具有专业性知识、有用性自我提升与易用性提高效率；需要知识的用户（知识需求方）是否是某一特定人群。

维度一：知识内容具有专业性知识、有用性自我提升（有用性有助于自我提升）与易用性提高效率（易用性有助于提高效率）三要素，见图 2.1[40]。

这三个要素与知识、动机与技术三方面一一对应，并分成两个层次，其中专业性知识与易用性提高效率为一层，有用性自我提升为更深一层，进一步阐释如下：①专业性知识具有稀缺性，由资深专家、领域专家或知名人士作为知识生产方，知识产品的质量更易保证；②技术的易用性与专业性知识协同提高用户的服务效率，即易用性提高效率，也是知识付费的一个辅助要素；③在前两个要素的基础上，知识内容拥有真知灼见或独到见解，有助于满足用户自我提升的需要。

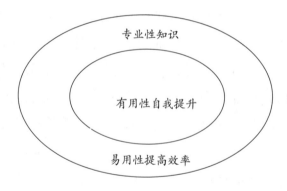

专业性知识

有用性自我提升

易用性提高效率

图 2.1 知识付费的知识、动机、技术层次

维度二：知识付费用户的来源相对单一，特定人群倾向性更大。从知识付费起源来看，知识付费主要是以虚拟社区作为起点逐步形成如今的状态。例如，"得到"App 最早是从"罗辑思维"而来、"豆瓣时间"脱胎于豆瓣。虚拟社区的用户群体较为单一，多元化比较薄弱，内容虚拟社区尤为如此，如知乎的问答社区等。目前，知识付费用户也是以自建社区来源为主，用户群体容易划分。例如，"得到"App 用户以企业员工、知识分子、学生为主，此外，兴趣、爱好、目标相似的用户会倾向选择某一类产品，同时也会被某一类产品选择。

鉴于此，从产品分类来看，知识付费特指订阅专栏／精品课程、微讲座、问答咨询、听书等产品形式：（1）订阅专栏／精品课程是由资深教授、行业专家等提供的课程，包括"得到"App、喜马拉雅 FM、"在行一点"、知乎等均相继提出类似产品。（2）微讲座，主讲人针对预先发布的主题进行知识、见解或经验的分享，如喜马拉雅 FM、知乎Live 的精品小课等。（3）问答咨询，知乎的"值乎"最早采用付费问答模式，之后出现"在行一点"，主要涉及法律、健康等领域的问题。（4）听书，由读书人解读传统图书，以文字＋音频形式使用。例如，"得到"App 与有书平台的听书产品等。总的来说，这类产品都具有两个维度的特征：一是知识具有一定的专业性与有用性，并且依托技术的易用性提高效率；二是用户获取知识的过程具有较强的能动性、自主性。

2.1.3　知识付费平台的构成与特征

目前，学术上少有对知识付费平台的界定，可能有以下几点原因：（1）知识付费平台起步晚，知识付费从开始实施到快速发展仅五年。（2）研究略显单一，一方面，只关注知识付费头部的几个互联网知识付费平台型企业，如喜马拉雅 FM、"得到"App、知乎[39]，并未深入挖掘出这些平台之间的共同属性或特征；另一方面，大多学术成果较多是将其从版权、媒体传播方面进行对比，提出行业问题、优势劣势。（3）学者关注度仍有待提高，而有关信息系统视角的研究仍较少，关于知识组织及后续影响的研究就更少。

有关知识付费平台概念的界定是下文阐释的重点。知识付费平台的结构见图 2.2。知识付费平台的组成可表示为"知识付费平台＝知识付费＋（辅助品＋虚拟社区）"。从产品类型视角看，知识付费平台分成两个部分：知识付费是核心部分，辅助品、虚拟社区是辅助部分。

1. 知识付费平台的构成

从狭义的产品类型方面看，知识付费不仅包含了知识付费的订阅专栏/精品课程、微讲座、问答咨询与听书等类型，也将电子书（如"得到"App、知乎、"豆瓣时间"等）、线下课程（"得到"App、知乎、"在行"、"在行一点"等）、实物商品（"得到"App、知乎等）在应用内推广销售。知识付费内也拥有虚拟社区模块，见图2.2。知识付费平台涵盖的产品类型更多样，仍以知识付费各种类型产品为主，其他产品类型为辅的格局是知识付费发展的基础。

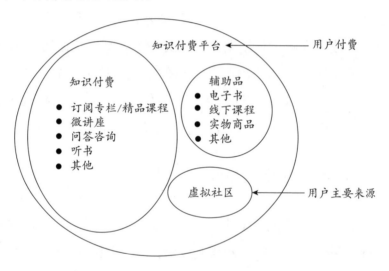

图 2.2　知识付费平台的组成部分

具有代表性的知识付费平台的产品分类、虚拟社区名称及辅助品总结见表 2.2。

表 2.2　国内主要知识付费平台的虚拟社区名称

平台名称	产品分类	虚拟社区名称	辅助品
喜马拉雅 FM	专栏/精品课程、听书	喜马拉雅 FM	电子书
"得到" App	订阅专栏、微讲座、听书	知识城邦/罗辑思维	电子书，线下大课、其他实物产品
知乎	微讲座（知乎 Live）、值乎	知乎	电子书（知乎书店）

续表

平台名称	产品分类	虚拟社区名称	辅助品
在行、在行一点	微讲座、问答	果壳	线下咨询
豆瓣时间	订阅专栏、微讲座、听书	豆瓣	电子书
微博问答	问答	微博	—
开氪	专栏	36氪	—

资料来源：本书整理。

2. 知识付费平台的特征

（1）知识付费平台的实用性。从分类来看，知识付费平台是信息系统应用扩展的一种类型，属于移动商务范畴，通过结合自身优势为用户提供知识产品与服务。知识付费平台不同于享乐信息系统，但具有一定功利信息系统的属性。行为态度对行为意愿的影响较小，而感知有用性与感知易用性作为行为态度的前置因素均正向显著影响行为意愿，最终并未将行为态度纳入技术接受模型（technology acceptance model，TAM）。知识付费平台中的大部分内容主要是以实用为主，与功利信息系统本质属性相一致：一方面，知识付费平台的产品类型包括免费内容、问答、听书、专栏、课程以及社群咨询等。例如，"得到"App推出了"大师"课、精品课；知乎的大学付费模块；"混沌大学"邀请高水平、高质量的专业讲师教授标准化课程，这些专业讲师中不乏新东方创始人、ofo创始人以及猎豹联合创始人等优质讲师资源。另一方面，30岁以下群体是知识付费平台服务的主要对象，这类人群的需求是获取专业知识、提高工作与生活效率以及自我提升等需求[40]。

（2）知识付费平台的创新性。创新产品被分成软件产品与硬件产品两类。为了确定某一产品是否为创新产品，要先明确创新的定义以及创新产品具备的特征，创新是指个人采用某一产品并将其视作一种新事物。基于创新扩散理论（diffusion of innovation theory，IDT），创新产品具备创新特征，分别是相对优势、兼容性、复杂性、可试用性与可观察性。鉴于此，从对知识付费平台的分析可知，知识付费平台具备这 5 个特征，见表 2.3，由此表明知识付费平台是一种创新技产品。

创新扩散理论是由 Rogers 在 1962 年提出的，也是最早系统地介绍创新的理论。创新扩散被定义为："一种用于解释信息思想或新技术或新产品的传播速度、方式与原因的理论"[41]。从社会学角度看，创新扩散被看作交流过程的特定形式，这种交流过程是通过社会系统将新的想法从一个人传递给另外一个人。创新是指一个人采用一个被视为一种新事物的产品。创新技术产品分成两类：一类是软件产品，如各大应用商城的应用；另一类是硬件产品，包括手机、计算机等。创新技术产品具有的特征分别是相对优势、兼容性、复杂性、可试用性与可观察性。创新的 5 个特征是衡量产品是否为创新产品的标尺，并且这些特征属性都是由个人感受到的，并非专家或创新产品运营或管理者强加给用户的，可以看出感知起到很大的作用。

表 2.3　知识付费平台的创新特征

特　征	具体描述
相对优势	产品价格优势：知识付费平台的内容产品边际成本几乎为零，用户为产品付费的总成本大大降低，因此，价格是显而易见的优势。例如，某知名经济学家的北大经济学课，价格是 199 元 / 年，相当于 0.5 元 / 天
兼容性	知识付费平台可满足用户自我提升、求知等需求，实用性相对较强，弱化了享乐功能。例如，"得到" App 中的"每日听本书"栏目，可帮助用户快速了解自己感兴趣的书的主要内容，方便用户做出选择决策
复杂性	在"得到" App 中，包括"发现"、学习计划、笔记、"已购与我的"几个功能模块，其中，"发现"是内容知识产品的呈现模块，学习计划与笔记是学习心得与分享模块，"已购与我的"是用户购买信息与个人信息设置模块。知识付费平台是以内容产品为主，内置导航功能，从而方便用户查找所需内容。此外，与移动支付技术相结合，可以方便、快捷地付费

续表

特　征	具体描述
可试用性	知识付费平台均可免费下载与注册，应用也为用户提供免费试用产品，免费产品的类型有音频与文字，满足不同类型用户的体验需求，如"得到"App、知乎与"豆瓣时间"等音频、文本产品
可观察性	知识付费平台的付费用户规模不断扩大，市场份额比例加大，可直接观察到用户对知识产品的认可，如"得到"App拥有千万用户。此外，知识付费平台的知识产品具备专业性知识与易用性提高效率，有用性自我提升

资料来源：本书整理。

总之，知识付费平台是基于互联网、移动通信技术，由知识付费产品、辅助品与虚拟社区共同组成的。本书针对知识付费平台用户对象，从微观层面界定知识付费平台与知识付费的关系、知识付费平台的特征，对知识付费两个维度的分析来区分知识付费与其他付费内容的区别。同时，从产品类型范围来看，知识付费平台涵盖知识付费，但是以知识付费产品类型为主，其他产品类型为辅。

2.2　知识付费的演化

2.2.1　知识付费演化的 3 个阶段

知识付费的演化分成 3 个阶段，这 3 个阶段的时间跨度从 2003 年至今，以代表性的平台及产品为标志，见图 2.3[42]。

阶段 1（2010 年前），知识付费的准备期。从内容形式上看，教育界、出版界与咨询界多是来自早期问答、知识分享平台。例如，"百度知道"、知乎、果壳网等平台均通过互联网客户端以免费形式提供给使用者，长期积累了一大批高黏度用户。

阶段 2（2010—2015 年），知识付费的起步期。随着移动通信技术的发展，用户获取信息的主要入口从客户端转向移动端，同时移动支付成为用户在移动平台上交易付费的主要方式。豆瓣于 2013 年已开始对用户使用在线音乐收费,这是最早开始尝试内容付费的知识付费平台。然后,2015 年 3 月,果壳网推出"在行",提供"1 对 1"的咨询服务。2015 年 12 月,"罗辑思维"上线"得到"App,知识付费初具规模且形式更多样化。

阶段 3(2016 年至今),知识付费的发展期。2016 年年初,喜马拉雅、知乎与果壳网等众多网络平台纷纷加入知识付费行业中,并相继推出第一批知识产品。例如,2016 年 5 月,果壳网推出"分答"是国内首个问答收费的知识付费平台,之后,更名为"在行一点"。再如,2016 年 4 月,知乎推出"值乎"问答付费产品,同年 5 月,又推出"知乎 Live"知识付费栏目。其后,更多知识付费平台相继出现,豆瓣推出"豆瓣时间"。进入 2018 年,内嵌到"得到"App 的"知识城邦"社区建立,知乎把知识付费模块命名为"大学"。进入 2020 年,线上发展更加多元化,已形成综合型知识产品销售平台。2022 年短视频类付费内容学习人次所占比例为 75.7%,直播类、图文类付费内容的比例分别为 25.6%、22.0%。音频类付费内容跌至第 4 位,所占比例为 13.2%。

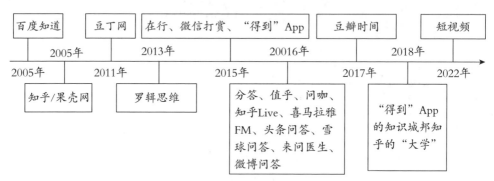

图 2.3　知识付费的演化历程

2.2.2　国内知识付费的产品分类

国内具有代表性的知识付费平台包括"得到"App、喜马拉雅 FM、知乎、豆瓣、果壳网的"在行"与"在行一点",见表 2.4[42-43],而混沌大学、36 氪、微博问答、荔枝课程及十点读书等平台也发展较快。

知识付费产品分类：第一，订阅专栏 / 课程是由资深教授、行业专家等提供课程，包括得到 App、喜马拉雅 FM、在行一点、知乎等均相继推出类似产品。第二，微讲座，主讲人针对预先发布的主题知识、见解或经验进行分享。例如，喜马拉雅 FM 与知乎 Live 的精品小课等。第三，问答 / 咨询，知乎早期的付费产品是"值乎"，是最早的付费问答模式，随后出现的"在行一点"与"值乎"有相似之处，其产品主要涉及法律、健康等领域的问题。第四，听书，将传统图书由读书人解读，以文字和音频形式使用，例如，"得到" App 的每天听本书、有书的有声书等。第五，电子书。第六，其他知识付费平台上交易的电子产品。可以看出，众多知识付费平台涌入竞争异常激烈的知识付费市场，催生出无须集中授课、展示形式更为自由及更多元化的知识产品。

表 2.4　国内主要知识付费平台相关信息总结

平台名称	知识付费平台	产品分类	内容生产者	服务模型	用户规模 / 亿元
喜马拉雅 FM	喜马拉雅 FM	专栏 / 精品课程、听书、电子书	领域专家、主播大 V[①]等	免费与付费	4.7
得到	"得到" App	订阅专栏、微讲座、听书、电子书、线下大课、其他	领域专家、知名学者等	免费与付费	0.25
知乎	知乎大学	微讲座（知乎 Live）、问答（值乎）、电子书（知乎书店）	资深用户、领域专家等	免费与付费	1.6
果壳网	在行 在行一点	微讲座、问答、线下咨询	领域专家、大 V 等	免费与付费	—

① 大 V：网络用语，通常是指关注者很多的账号。

续表

平台名称	知识付费平台	产品分类	内容生产者	服务模型	用户规模/亿元
豆瓣	豆瓣时间	订阅专栏、微讲座、听书、电子书	资深用户、领域专家等	免费与付费	1.5

资料来源：本书整理。

2.3　知识付费发展的基础

2.3.1　社会角度

1. 网络用户规模大、移动支付普及率高以及 Web 2.0 的应用逐步成熟

第一，互联网与移动用户规模巨大。（1）互联网用户数量稳步增加。中国互联网研究中心（China internet network information center, CNNIC）发布的第 51 次《中国互联网发展状况统计报告》指出，2010—2022 年互联网用户每年增长 3% ～ 6%，2022 年年底网民规模达 10.67 亿，互联网普及率为 75.6%，比 2021 年 12 月增长 3549 万。（2）移动用户比例显著提升，潜在用户规模巨大。报告中又指出 2022 年 12 月前，我国 5G 基站总数达 231 万个，占移动基站总数的 21.3%，我国移动网络的终端连接总数已达 35.28 亿户 [5]。

第二，移动支付普及率较高，市场份额剧增。移动支付在我国取得突飞猛进的发展，2022 年 12 月第 51 次《中国互联网发展状况统计报告》指出，中国网络支付用户达 8.05 亿，占整个网民的 85.7%，而中国移动支付用户达 8.02 亿 [5]，微信与支付宝是移动支付的两个主要入口，用户规模巨大，移动知识付费能爆发式增长也主要依赖于微信支付与支付宝两大平台。2016 年，我国个人消费的第三方移动支付额是美国的 11 倍，达 7900 亿美元 [44]。苹果公司 CEO 库克曾提出，中国移

动支付领域的发展走在了美国前面[45]，知识付费平台用户可更方便与快捷地为知识产品付费，同时众多用户在移动电子商务应用上已形成付费习惯，进一步为新行业的出现打下坚实基础。

第三，Web 2.0 的应用逐步成熟。Web 2.0 网站中的内容或服务由用户自己生产，同时需要使用从网站上获取的内容，并具有内容分享、信息聚合以及平台开放等优点，而 Web 1.0 网站的内容是由网站编辑等工作人员制作的。Web 2.0 的核心价值是参与、互动与分享[46]。在新环境下，用户既是知识的浏览者又是生产者，信息技术从过去 Web 1.0 逐步升级到 Web 2.0[47]。从 Web 1.0 到 Web 2.0 促使硬件与软件应用场景发生巨大变化，同时人们的观念也随之改变，使网络与现实逐步融为一体。目前所熟知的基于 Web 2.0 的应用有百度百科、豆瓣等。当前，知识付费平台逐步成为 Web 2.0。

2. 消费升级：服务消费比例日趋增加

现在，随着收入的不断提高满足了人们的物质需要，并且随着消费支出更多元化，人们对精神需求的渴望不断增长。中国家庭对物质消费所占比例为 60%，对服务的消费所占比例为 30%，包括旅游、教育、娱乐，与之不同的是，日本、美国的消费内容却与中国相反，对服务的消费所占比例为 60%，对物质消费比例只占 30%[37]。到 2020 年，我国文化产业占 GDP 比重超过 5%，将成为国民经济支柱，不过仍远低于美国等发达国家，发展空间巨大。这些都告诉人们，经济水平越高，用于服务类消费的比例提升越显著，有助于为知识付费平台的兴起打下坚实基础，并进一步促进这类平台发展。

3. 用户已形成移动支付观念

从"付费墙"再到手机应用商城，付费使用、下载等模式促使付费观念逐渐被认同。长期以来，人们早已习惯免费获取网络内容，逐步形成"根深蒂固"的免费意识，报纸的"付费墙"盈利模式的出现与发展最先打破了一贯的免费方式[48]。2008 年，苹果公司推出移动应用商城，下载应用付费模式出现。随着互联网内容产品的发展与版权保护意识不断提升,付费观念进一步得到强化,"90 后"逐步成为付费主力,付费用户在"豆瓣时间""知乎 Live"上已达 40%[49],用户为知识付费成为可能。

2.3.2 需求端角度

1. 知识付费发展的基础

用户对知识、自我提升与提高效率的需求是知识付费发展的基础之一。

(1)对知识的需求。用户需要知识产品具有专业性,尤其现有知识供给体系较为稀缺的专业领域的专业知识[37,50]。(2)对自我提升的需求。用户需要知识产品具有有用性自我提升,可从知识产品中获得所需知识,且用户愿意参与知识付费平台社区内的交流、互动与分享等活动。(3)对提高效率的需求。一方面,知识付费平台应易于使用,同时可方便与快捷地获取专业知识,并能通过专业性知识协同增加用户数量,从而满足用户自身的成长需求;另一方面,用户对容易获得的知识的需求较大。有些学者指出,从整体来看,不知道如何获得所需知识的用户所占比例为 27.6%,偶尔能找到所需知识的用户所占比例为 50%[51];从年龄分布对知识获取难易所占比例的调查来看,90 后用户不知如何获取所需要的知识反而高于 80 后与 70 后,70 后用户所占比例近 40%[51],知识付费的出现恰好能很大程度上缓解这部分用户的焦虑。

2. 高黏度种子用户

知识付费拥有大量的高黏度种子用户。"得到"App、知乎大学、"豆瓣时间"、喜马拉雅 FM 是国内最具代表性的知识付费平台,这些平台均拥有各自的社区。例如,"得到"App 的"罗辑思维"、知乎大学的知乎、"豆瓣时间"的豆瓣等社区的用户规模大,使得一大批高黏度的用户聚集于知识付费平台,成为知识付费平台发展初期的竞争优势。某一社区一旦引入知识付费,种子用户数量就会推动知识付费平台发展。

2.3.3　供给端角度

知识付费发展初期，需积累一大批不同领域的资深专家、知名学者与经验人士，精耕细作，不断构建自己的知识体系与风格。虽然大多可以满足大多想利用业余时间获取所需知识的用户，但仍无法满足大部分用户对知识的迫切需求。例如，名人专栏从报刊时代就已存在，在互联网时代，专栏是以网站与"博客"为载体进行传播的，不过从专栏的质量与数量来看，专家的参与度远不够。知识付费平台中的资深专家、知名学者与经验丰富的人士成为知识提供方，保证了知识的质量与数量。

2.4　知识付费的必然性

2.4.1　知识付费与网络社区的关系

1. 网络社区的概念、类型与元素

Rheingold 定义了虚拟社区，虚拟社区是指人们因在网络上公开讨论形成的一种人际网络。虚拟社区为社区成员提供各种信息、知识，从而满足人们在社区内或其他社区之间分享、交流与互动的需要。虚拟社区为知识搜寻、交流以及生产提供一个有价值的平台。虚拟社区的划分并未达成一致，主要有 3 种划分虚拟社区的方式，其一是依据成员需求；其二是依据成员关系，将虚拟社区分成网络社区与群体社区；其三以成员目的作为分类依据，再根据成员之间知识紧密程度，将虚拟社区划分为内容型社区（如博客、学术社区、论坛等）、关系型社区（如 SNS）与综合型社区（如微博）。除此之外，仍有其他分类依据，包括参与动机、互动时间、发起方、营利性与非营利性等。

2. 付费平台嵌入网络社区

知识付费以知识付费产品为主，因脱胎于虚拟社区，所以还兼顾较弱的社交属性。例如，"得到"（知识付费平台）——"罗辑思维"（虚拟社区），又如，知乎大学——知乎，再如"豆瓣时间"——豆瓣等。这些社区均以内容为主，为知识付费平台提供了用户、内容等基础资源。鉴于此，本书依据社区生产内容权重的不同，将引入知识付费前的知识付费平台的虚拟社区分成内容型虚拟社区与综合型虚拟社区。其中，综合型虚拟社区是以用户之间分享为主，并且存在彼此交流、互动等活动。然而，知识付费平台的属性或模式有必要进一步明确。例如，周涛等将知识付费分成两种模式：一是微信与微博等社交媒体类的知识付费平台[52]；二是知识付费平台自身搭建成的虚拟社区，自带分享、交流与互动的知识分享模式[52]。笔者认为，知识付费平台具有社交基因，用户之间通过分享、交流与互动彼此感兴趣的知识，扩大了知识传播，有助于扭转用户知识分享意愿低的局面，同时避免沦为"僵尸社区"的命运。

知识付费平台具有虚拟社区的诸多优势，如自带种子用户、用户黏性大，因此这类平台成立之初就已拥有大量用户。虚拟社区兼具交流、分享与互动等属性，从而社区用户之间容易建立情感连接，同时较容易实现价值认同，进而提升知识付费用户黏度与留存率。知识付费平台是以互联网、移动互联网为载体并与用户建立连接的。载体存在两种形式，见表2.5。

（1）独立。例如，"得到"App、喜马拉雅FM等知识付费平台的所有知识产品类型，均可在平台内与用户完成付费购买、评论、售后等主动活动。

（2）嵌入。例如，豆瓣的"豆瓣时间"、知乎大学等知识付费平台的知识产品，或者嵌入平台，或者与其他功能并存在同一平台。知识付费平台无论采用或独立或嵌入形式，用户付费才是平台盈利、发展的核心动力。笔者认为，知乎、"得到"App、喜马拉雅FM、"豆瓣时间"等平台在推出知识付费平台时，就已拥有规模巨大的用户群体。短时间内即可积累大规模的用户的知识付费平台大多是以虚拟社区为主的。此外，其他非虚拟社区起步的知识付费平台，也在知识付费发展一段时间后建立起社区。然而，"有书"与"樊登读书会"两款独立在线平台虽然不具备虚拟社区，但是平台中设计了知识分享的模块。

表 2.5　知识付费平台的虚拟社区

平台名称	虚拟社区名称	存在形式	虚拟社区类型
喜马拉雅 FM	喜马拉雅 FM	嵌入	内容类型
"得到" App	罗辑思维 / 知识城邦	独立	内容类型
在行、在行一点	果壳网	独立	内容类型
豆瓣时间	豆瓣	嵌入	内容类型
有书	无	独立	无虚拟社区
樊登读书会	社群	独立	无虚拟社区
微博问答	微博	嵌入	综合型
知乎大学	知乎	嵌入	内容类型
开氪	36 氪	嵌入	内容类型

资料来源：本书整理。

下面从独立式与内嵌式各选取一个知识付费平台作为案例给出知识付费平台自建社区的过程。

（1）"得到" App 以独立平台向知识获取方提供内容产品，微信订阅号中的"罗辑思维"作为"得到" App 早期积累用户的途径已成功获得大量的种子用户，但 App 与社区之间彼此独立，转换延迟使用体验效果不理想，故而，在"得到" App 内又推出"知识城邦"社区。"知识城邦"满足了用户无须切换应用，就可将内容在应用内分享，并且用户之间可互相关注的需求。

（2）对知乎来说，知识付费产品是嵌入知乎中作为独立模块存在的。知乎大学（之前称为知识市场）是嵌入知乎平台的独立模块。知乎社区与嵌入模块共同存在于同一平台，这两个独立模块相互切换，有助于用户间快速、便捷分享、互动与交流，有利于更多高质量的知识产品分享到虚拟社区，同时社区内用户有机会了解感兴趣的知识产品。

总的来看，早期知识付费平台建立的内容型社区积累了大量种子用户，在推出知识付费平台前就已构建一个稳定的知识社区。本书选取国内较大的喜马拉雅 FM、"得到" App、知乎、"在行"、"在行一点"与"豆瓣时间"等知识付费平台，这些平台是由各自的社区引入知识付费变量后形成的。知识付费平台运营过程中，仍保有平台方、知识提供方与知识获取方三个利益方。

2.4.2　知识付费必然性模型构建

1. 囚徒困境的相关研究

（1）囚徒困境定义及其收益矩阵。属于非合作博弈范畴的"囚徒困境"（prisoner's dilemma）的定义，最早是由 Tucker 提出[53]。囚徒困境收益矩阵见表2.6。在囚徒困境中，纳什均衡是（坦白，坦白），其中（抵赖，抵赖）是一个均衡解，但并不是纳什均衡，因为这与个人理性假设矛盾。

表 2.6　囚徒困境的收益矩阵

囚徒的选择		囚徒 2	
		坦白	抵赖
囚徒 1	坦白	（-8，-8）	（0，-10）
	抵赖	（-10，0）	（-1，-1）

个人理性转变成集体理性是囚徒困境破解的一个有效方式，但二者却存在不可调和的冲突，囚徒 1 与囚徒 2 都坦白，双方均判刑 8 年，要比双方都抵赖各判刑 1 年结果差得多，以致难以实现（抵赖，抵赖）策略，这是因为个人理性下该策略不是一个均衡策略。即使双方之前建立了最优策略，即（坦白，坦白）策略，由于彼此没有动力遵守也

无法实现。对于参与双方来说，个人理性下的决策是他们认为最有效率的决策，实际上有时却并不满意。囚徒困境中的个人理性下做出的最优决策，显然不是集体利益的帕累托最优[54]，但却是占优策略，是可以预测的唯一解，因为任何参与人都不会选择劣策略。占优策略是一个参与人的最优策略，不受其他参与人选择何种策略的影响。

基于上文对囚徒困境的介绍，同样认为在未引入知识付费的知识付费平台内的参与人，即知识提供方与知识获取方，是个人理性占主导，换言之，参与双方同样面临知识分享囚徒困境问题。

（2）知识分享囚徒困境。囚徒困境的（坦白，坦白）策略是一个纳什均衡，而（抵赖，抵赖）策略并非纳什均衡。如何缓解知识分享囚徒困境是学术界广泛关注的课题之一。例如，李雪松等提出虚拟社区成员不分享的囚徒困境与参与双方信息不对称有关，通过建立用户之间的信任及合理的激励系统能缓解该问题的消极影响[55]。又如，彭小晶等指出，在完全信息条件下，参与人的最初策略为不分享与博弈的界限均衡引起虚拟社区知识分享囚徒困境，通过设置激励机制会支持参与双方采用（分享，分享）策略[56]。再如，张霭认为虚拟社区参与方是在不完全信息条件下进行知识分享，并以动态博弈为研究方法在信任水平高或低条件下探析[57]，知识分享过程中，在社区平台参与监督、管理下，参与双方在完全信息的条件下做出决策。再如，张娟娟等针对虚拟社区成员隐性知识分享意愿较低问题，运用静态博弈与动态博弈方法，通过提高社区知识分享奖励与易用性、优化参与人的信任关系、建立良好的社区文化氛围等措施，缓解知识分享意愿低问题[58]。虽然采用静态博弈与动态博弈，但提出解决分享意愿较低的对策可行性较低，无法从根源上解决囚徒困境。

以上总结出知识分享囚徒困境是阻碍社区发展的关键问题之一，清楚了基于不同理论下，社区用户知识分享的多种影响因素，多是从实证研究角度验证提出的假设并给出用户不愿分享的原因。有些研究通过信任、设置激励机制、建立契约等方式构建知识分享囚徒困境的数理模型并给予充分论证，从理论上给出解决或缓解知识分享囚徒困境的可行方案，却较少在现实情境中应用。本书针对知识付费平台情境，引入知识付费变量，构建完全信息静态博弈矩阵，从数理模型上探讨用户付费行为对个人是有利的，并且与集体的利益保持一致。知识付费平台利用社区已有资源引入知识付费成为社区未来发展的方向与契机。

（3）知识分享囚徒困境的收益矩阵。囚徒困境的占优策略是纳什均衡，在虚拟社区用户知识分享中也存在该问题，即知识提供方与知识获取方作为参与双方，在决定是否采取分享策略上出现囚徒困境问题，见表2.7。参与双方的两个纯策略纳什均衡分别是（分享，分享）与（不分享，不分享）。其中（分享，分享）策略不符合个人理性假设，不能作为纳什均衡。最终，参与双方的占优纳什均衡（不分享，不分享），即参与人1不分享且参与人2选择不分享收益要比选择分享的收益大，同时参与人2选择不分享而参与人1选择不分享的收益也要大于分享。因此，（不分享，不分享）是参与双方个人理性的最优选择策略。

表 2.7　虚拟社区知识分享的囚徒困境

参与人		参与人 2	
		分享	不分享
参与人	分享	S, S	–T, T+D
	不分享	T+D, –T	0, 0

（4）知识付费平台的各角色界定。知识付费平台由知识提供方、知识获取方与平台方三个利益方组成，见图2.4。一方面，明确三者之间的概念界定以及彼此之间的关系；另一方面，明确未将知识付费平台作为利益相关方的原因。此外，参与1是知识提供方，参与人2是知识获取方。

1）知识提供方。狭义的知识提供方是指"知识原创者"，是由头部知识内容商、KOL（key opinion leader，关键意见领袖）、全民知识提供方组成，其中前两类的内容生产方具有用户号召力、内容版权与宣传渠道等明显优势。引入知识付费对知识生产者的知识产权有一定的保护作用，是一种激励策略[59]。知识提供方以自己的社会身份与产品质量作为推广品牌，有利于吸引用户付费，并无须向付费平台支付费用才能获得更高的销售机会。不过知识付费平台也会适时调整销售策略，选择更受用户欢迎的产品得到更多的曝光机会。目前，知识付费平台要是以知识提供方为主导分享多种形式的知识产品，如付费问答、付费专栏与付费讲座等知识产品。

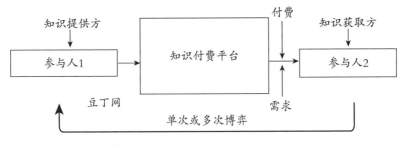

图 2.4　参与人 1、参与人 2 与平台的关系

2）知识获取方。知识获取方是指为所需要的知识产品付费的用户。知识付费产业中，用户规模与使用者均适合采用二八定律解释，即广受好评有一定知名度的 20% 的知识生产者的知识产品占总收入的 80%，而 80% 的知识生产者所提供的知识产品却占总收益的 20%[59]。知识获取方不但为知识付费，同时要承担为此花费的时间与精力成本，以致用户为有价值的知识产品付费成为一种选择。然而，付费后未达到预期的用户也会考虑，从而抑制用户付费的决定。由此，付费与否是摆在知识获取方面前的一个亟待解决的现实问题。

3）平台方。平台方是知识付费平台的技术提供方，同时为知识付费平台上知识交易制定规则，进而为供需双方提供必要与合理服务的一方，是知识提供方与知识获取方的纽带。知识付费平台直接为知识产品定价，知识需求者购买产品时，无须与知识生产者讨价还价。实际上，平台方与知识提供方共同为知识需求者提供知识，二者与知识获取方形成博弈关系。用户了解欲购买知识产品的信息主要包括作者的简介、内容的概述等，这表明用户付费行为会参照产品生产者身份以及产品质量的相关信息。用户规模越大、产品销量越高，平台与知识生产者的收益越高。

2. 完全静态博弈的基本假设

知识获取方无须付费就可获得知识平台上的知识产品时，该平台则会转变成虚拟社区，而在虚拟社区面临的诸多问题中，要以知识分享因徒困境产生的不利影响较为显著。在虚拟社区知识分享过程中，90% 的用户只被动获取知识，从不主动分享知识，这些用户对社区的贡献有限，其余 10% 的用户中有 9% 的用户偶尔分享知识，仅有 1% 的用户是主动分享知识的知识提供者，由此，形成 90—9—1 的现状。如果无法达到期望就会选择离开，或者只是偶尔登录成为沉默的用户。由于知识付费平台大多是以内容型与综合型社区为主，社区成员的分享、互动与交流是关键属性，同时是区别于其他社区的主要特征。例如，知乎、豆瓣、果壳网等社区，凭借大量优质内容进行分享、互动与交流等活动集聚了众多用户。虽然用户群较大，但是用户知识分享因徒困境加剧，以致社区用户留存率降低，并且这些平台盈利能力较差，这些社区平台的用户规模较大，用户知识共享"囚徒困境"却愈发严重，社区用户留存率降低，加之平台盈利较弱，导致社区发展受到限制。因此，引入知识付费到内容型以及综合型社区，试图解决社区参与人知识分享因徒困境棘手问题。鉴于此，提出如下假设。

假设 1：参与人 1 与参与人 2 在相当长的时间内分别是知识提供方与知识获取方，在此期间属于双方的角色并不会发生交替改变。知识付费平台筛选出知识提供方提供的知识，并且提供技术支持，在质量得到保证的前提下满足知识获取方的需要。

假设 2：参与人 1 与参与人 2 的博弈。参与双方都是理性的，获得个人期望效益最大化是参与知识分享的目的。其中，参与人 2 不仅仅是一个用户，而是由 N 个有需要的知识需求者组成的，同时参与人 1 提供的知识是共同知识，参与为知识付费内容的生产方。

假设 3：参与人 1 的收益用 $U1$ 表示，参与人 2 的收益用 $U2$ 表示，参与人 2 对知识产品的学习能力用 ζ 表示，取值范围为 $0 \leqslant \zeta \leqslant 1$；知识产品质量用 Q 表示，取值范围是 $0 \leqslant Q \leqslant 1$。其中，$U1$ 与参与人的人数相关，$U2$ 等于 ζ 与 Q 的乘积，ζ 与 K 的乘积等于参与人 2 获取知识的收益。

假设 4：参与人 1 与参与人 2 分别是知识提供方与知识获取方，参与人 1 的收益为 $U1$，每次获取知识的收益为 $A1$，参与人 2 的收益为 $U2$，为知识支付费用为 $A2$，$A1$ 数值与 $A2(1-R)$ 相同。购买知识产品外的其他成本用 $C2$ 表示，$C2$ 的含义是参与人 2 投入学习的精力与时间的总和，而 $C1$ 是指参与人投入学习的精力与实践的总和。

假设 5：参与人 1 与参与人 2 是信息完全博弈。知识付费平台不仅提供技术等基础支持，还为参与人 2 提供参与人 1 的专业能力背景信息以及其他用户的评论。参与人 2 作为知识获取方凭借这些信息，对知识提供者的知识内容产出质量 Q，以及根据既往知识内容质量 Q，可以确切地知道所要付费的产品质量。同时，参与人 1 作为知识提供方知道参与人 2 的需求。因此，参与人 1 与参与人 2 各有两种策略可供选择：一方面，知识提供方为知识获取方生产知识产品，或者不生产知识产品；另一方面，知识获取方在知道自己需求时，选择为达到期望并满足需求的知识产品付费，或者选择免费体验产品放弃付费策略。

2.4.3　完全信息静态博弈方

参与人 1 的信誉、声誉与能力的评价是依据平台的市场现状与参与人 2 评价的综合结果。本部分假设参与人 1 与参与人 2 对彼此的了解是信息完全的，因此只须构建参与双方的完全信息静态博弈模型，见

表2.8。

表2.8　知识获取方与知识提供方的收益矩阵

参与人		参与人2	
		付费	不付费
参与人1	提供知识	$U1+N（A1-C1）$, $U2-NQ（A2-C2+\zeta k）$	$NU1$, 0
	不提供知识	0, $U2+NQ\zeta K$	0, 0

2.4.4　用户知识付费的必然性分析

1. 对参与人1的分析

在 $U1+N（A1-C1）> U2-NQ（A2-C2+\zeta K）$ 与 $U1+N（A1-C1）>NU1$ 关系下，参与人1与参与人2的最优策略是（提供知识，付费）。参与人1作为知识提供方分享到知识付费平台的知识产品，要经过该平台的监督与评价，然后知识获取方为通过评估的知识产品付费能够满足自身需求。并且，知识获取方人数与知识产品单价乘积的总收益高于知识提供方支出的总成本。

倘若 $U1+N（A1-C1）< U2-NQ（A2-C2+\zeta K）$ 和 $U1+N（A1-C1）<NU1$（$A1< C2$）下，参与人1与参与人2的最优策略是（提供知识，不付费），该策略是未引入知识付费变量情况下的均衡策略，知识提供方在付出时间与精力的同时知识获取方也会满足自身需要，但并未支付任何费用给提供知识方与平台作为酬劳。不过在知识付费环境下，知识付费平台不会使参与人1与参与人2的（提供知识，不付费）均衡策略出现，而是事前就会采取（不提供知识，不付费）策略，这可有效避免囚徒困境的出现。

2. 对参与人2的分析

关于参与人2，给出两个不定式，$U2+ NQ\zeta K < U2-NQ（A2-C2+\zeta K）$，$U2-NQ（A2-C2+\zeta K）> U1+N（A1-C1）$。提供知识是参与人1的最优

策略，付费是参与人 2 的最优策略，因此，（提供知识，付费）是最终的策略组合。该策略结果表明，知识获取方为知识所支付的费用，主要用于补偿知识提供者所投入的成本，包括时间、精力等成本，以保证知识提供方持续提供有价值的、高质量的知识。知识获取方支付的费用正向激励知识提供方继续提供高质量的知识产品，同时可避免知识提供方因拥有其他获得收益机会而放弃为知识付费平台生产知识产品的情况。

因此，通过以上分析得到如下几点结果。

（1）知识提供方与知识获取方的最优策略（提供知识，付费）。在未引入知识付费前，虚拟社区知识分享中存在所分享的知识质量与数量较低等问题，而囚徒困境中的（不分享，不分享）最优策略可有效解决这类问题。（提供知识，付费）策略是知识提供方与知识获取方受益都最大的策略，在社区技术支持与监督下，形成正向反馈，实现参与双方正和博弈而非零和博弈。

（2）在参与人 1 的分析中，存在（提供知识，不付费）策略。在个人理性下，该策略出现机会较低，（不提供知识，不付费）产生的概率会明显增加，即囚徒困境策略。然而，本部分引入知识付费变量后，最终仍实现（提供知识，付费）策略。

（3）在参与人 2 的分析中，存在（不提供知识，付费）策略，同样该策略在社区监督与管理下，仍会找到知识生产者（知识付费用户作为知识提供方），仍然是（提供知识，付费）策略。

（4）在参与人 2 中，除了（提供知识，不付费）与（不提供知识，付费）策略外，同时存在（不提供知识，不付费）策略，在个人理性与社区监督与管理下，该策略不会出现，而（提供知识，付费）为最优策略。

2.5 知识付费领域的创新现象

2.5.1 知识付费在职业教育中的应用

知识付费在职业教育中的应用前景广阔。横向盘点现在职业教育相关赛道上的企业，按照业务模式可分为中介性质的付费内推型企业和知识付费性质的能力提升型企业。前者面向客户有偿提供就业机会，即通过采取直接向求职者出售各行业用人单位实习和全职岗位的方式实现盈利。在此种模式下，对于客户的能力缺乏客观评估。后者则主要针对在校大学生以及职场在职人士，目的是帮助他们进入心仪行业、岗位所缺失的知识和能力，提供咨询与规划服务，以职前提升相关能力来提高求职者的核心竞争力，使求职者能力与高质量岗位适配。

求职咨询平台（Wall Street Tequila，WST）选择走后一条路，能力提升型的业务模式更具挑战性，因为研发周期长、成本高，而且需要不断迭代。因此，目前市场上选择走能力提升型职业教育道路的企业远少于注重短期结果导向的付费内推型公司。而 WST 与大部分求职咨询公司不同，WST 依靠内部教研团队，以及各行业内专业人士共同研发内容，旨在为在校大学生以及职场在职人士进入心仪行业所缺失的知识和能力提供"知识付费"性质的咨询服务。此外，知乎在职业教育领域的探索也吸引了诸多关注，被外界视作有望成为推动营收增长的第二曲线。事实上，教育业务正在高速增长，展现了其潜力。2022年一季度到三季度，知乎职业教育收入分别为 3950 万元、4620 万元、7800 万元，第三季度单季度收入已经接近过去半年收入的总和。课程销售已经成为知乎新的业绩加速器，但能否承担起更多的重任仍需时间检验。

随着 2015 年起知识付费浪潮在线上教育行业的快速兴起，用户对在线教育产品付费意识与消费习惯逐渐形成，这意味着将有更多的人趋向于主动用一段时间的学习，为未来可能近 30 年的职场生涯做准备，职业教育的增量空间仍然是巨大的。

2.5.2　传统出版业数字化转型发展

知识付费推动传统出版业数字化转型发展。每个知识获取者都面临着与此前完全不同的困境：信息过载、信息碎片化、信息肤浅化、检索困难、信息虚假、信息片面。人类的大脑和时间被大量无效、无体系、不能反映社会真实的信息占据。因此，传统出版社实现数字化转型首先要固本——强化自身的核心优势。从知识整理和传播的角度看，无论竞争环境如何变化，出版机构都有其永恒的意义：知识遴选、知识加工、知识认证。换句话说，出版机构从浩如烟海的信息海洋中将高价值的知识挑选出来，确保这些知识具有一定质量水准并形成体系，以自身的品牌影响力确保所有知识是可信的。数字化转型将带来出版机构与作者群和读者群的新型合作关系，形成不断发展的知识创新、知识分享、知识传播之间密切互动的新生态。数字化转型将拓宽商业模式的边界，使出版机构跳出依赖产品销售和价格竞争的困境，迎来服务销售和生态竞争的新局面。例如，《三联生活周刊》推出的知识付费与深度阅读相结合的移动客户端产品——"中读"App 为例，这个项目于 2017 年 5 月上线。"中读"App 设计了强关联组织结构，其核心为引入强大的跨界执行人去关联"新旧媒体"；执行人将"内容的量化生产"作为"中读"下一个需要解决的问题，尝试采用开放对外合作的方式给出解决方案。

整体来看，这些转型的结果都将促进知识的传承和传播，继而可巩固出版机构的核心优势。数字化转型必然带来行业版图的重塑，谁更有效地抓住这一窗口，谁就能获得最大的回报。现在，有一些勇于创新的出版机构已通过数字化转型拓展了发展空间，在数字服务领域取得了令人瞩目的增长。

2.5.3　自媒体 + 算法平台重构知识付费生态链

新平台重塑知识付费模式生态链。知识付费平台划分为不同的模式，喜马拉雅 FM、"得到"、"十点读书"、"有书"、"樊登读书会"等垂直类 App 可划分为第一代知识付费平台。而百度、抖音、快手等自媒体 + 算法平台的兴起，象征着第二代知识付费平台的入场。第一代垂直类知识付费平台以"包装头部作者和专家，进行自研课程和买断版权"的商业模式为主。有别于第一代平台，第二代知识付费平台的知识付费交付方式则以视频和直播为主，付费内容呈现更为多元化，并涌现出一大批"草根"作者，借力于平台的知识付费工具参与变现，并运用平台算法分发技术获取客源。自 2017 年短视频平台走红以来，知识类短视频始终是知识付费平台不可或缺的一部分；抖音、快手、百度、Bilibili 等平台通过一系列的产品升级和内容运营，大力推广平台内知识类短视频，开始布局知识付费赛道。财经、法律、科学、教育、健康等知识类短视频的数量激增，课程得到用户的追捧。然而，定位为自媒体 + 算法的第二代知识付费平台打破了行业传统，并重塑了知识付费的生态链。其中，百度平台凭借其强有力的分发渠道能力和领先的技术支持等优势，通过付费专栏和训练营等模式对行业进行了新一轮的整合。例如，在搜索书法学习相关内容时，便有机会被推荐至付费专栏。

第 3 章　相关研究综述

3.1　用户付费的相关研究

3.1.1　电子商务、在线游戏等知识付费研究

在线支付相关的情境主要集中在电子商务、网络游戏、在线音乐、在线教育与在线阅读等，见表 3.1。

表 3.1　电子商务、网络游戏、在线音乐、在线教育和在线阅读
付费与购买行为总结

参考文献	情境 / 问卷数	理　论	因变量	影响因素
Ahuja et al.[60]	在线购物网站 530 份	—	购买行为	积极因素（方便性、服务质量）、消极因素（安全、隐私）
Pavlou et al.[61]	在线购物网站 312 份	计划行为理论	购买行为	感知易用性、感知有用性、信任、产品价值、货币资源、信息保护、购买技能
韩煜东 等[62]	苹果应用商城 190 份	计划行为理论	付费行为	付费意愿、知觉行为控制、免费价值观、主观规范、相对优势、易用性、感知价值、态度
胡发刚 等[63]	在线购物网站	—	购买意愿	不同类型的口碑

续表

参考文献	情境/问卷数	理　　论	因变量	影响因素
Guo et al.[64]	网络游戏 250 份	整合技术技术接受理论与交易成本理论	购买行为	娱乐性、成就、个性化表现期望、努力期望感知到的价值
李剑南 等[65]	即时通信增值服务 422 份	社会认知理论	付费意愿	网络外部性、虚拟社会资本、感知价值、网络黏度
Hsu et al.[66]	付费 App 507 份	持续理论模型、感知价值理论	付费意愿	表现价值、习惯、情感价值、免费选择付费、确认与满意度、货币价值、社会价值
Hamari et al.[67]	移动应用 869 份	—	购买意愿	保证、移情（empathy）、可靠性与响应能力
Lin et al.[68]	在线音乐 268 份	计划行为理论	付费意愿	付费态度、感知利得、主观范围、感知利失、免费意识、知觉行为控制
Oestreicher-singer et al.[69]	在线音乐	阶梯理论	付费行为	用户参与水平
Bapna et al.[70]	在线音乐	—	付费行为	同伴影响
Sameer[71]	在线内容	计划行为理论与创新扩散理论	付费意愿	相对优势、复杂性、兼容性、网络自我效能、感知网络安全
李雅筝[72]	在线教育 540 份	感知价值理论	付费意愿	课程信息质量、课程试听体验、课程评论口碑、个人付费意识和社会因素、感知有用性、感知风险、感知信任

续表

参考文献	情境 / 问卷数	理　　论	因变量	影响因素
程晓宇 等 [73]	移动阅读 242 份	精细加工可能性模型	付费意愿	及时性、娱乐性、有用性、信度（reliability）、社会影响以及态度、个人付费意识
李敏 等 [74]	移动阅读 441 份	消费者管理建立理论	付费意愿	心理因素、刺激因素、反应因素与外在因素
王炳成 等 [75]	短视频平台	S–O–R（刺激—机体—反应）理论	购买意愿	短视频生活场域、虚拟触觉、感知价值
宋思根 等 [76]	直播平台	社会比较理论、自我差异理论与内隐人格理论	购买意愿	上行比较、自我差异、内隐人格、一致性
王翠翠 等 [77]	直播平台	—	购买意愿	主播互动性、虚拟主播互动性、产品类型（享乐型产品和实用型产品）

资料来源：本书整理。

1. 在线购物行为 / 服务平台付费行为相关研究

较早的文献有，Ahuja 等基于人口统计特征对消费者在线购物行为的研究，得出在线购物意愿影响因素是产品的方便性、客服的服务质量、消费者的安全与隐私；在线购物可提高消费者搜索与选择的效率，不过网络信息过载时也会阻止消费者在线购物 [60]。Pavlou 等针对电子商务情境的自身特征，引入多个情境变量，构建以计划行为理论与技术接受模型为主的综合理论模型，得出购买行为受行为意愿与知觉行为控制影响，计划行为理论模型中的固有变量关系成立，此外，购买态度受到其前置因素（信任、感知有用性、感知易用性、产品价值）的正向显著影响；知觉行为控制分别受到信任、感知易用性、货币资源、信息保护与购买技能的显著影响[61]。韩煜东等与 Pavlou 同样以计划行为理论为基础，针对影响应用商城用户付费行为的因素构建理论模型，得出计划行为理论的固有假设全部成立，相对优势与易用性正向显著影响行为态度，免费价值观负向显著影响行为意愿，感知价格负向显著影响行为态度[61-62]。该研究中引入的免费价值观可理解成免费观或免费意识，国内网络用户免费意识强烈制约用户付费意愿。并且，感知价格是从货币角度考量，而非从货币与非货币两方面影响行为态度。胡发刚等的研究发现购买意愿受到网络口碑①类型与专业程度两方面的影响，其中网络口碑显著影响购买意愿，而网络口碑的信任直接受到专业程度不同的消费者的影响[63]。

2. 网络游戏玩家付费的相关研究

较典型的研究有，Guo 等基于交易成本理论与整合技术接受理论（unified theory of acceptance and use of technology, UTAUT）得到：从内、外激励两个方面确定游戏玩家付费行为的影响因素，其中感知到的价值、努力期望与表现期望来自于外在激励，而感知娱乐性与个性化主要来自于内在激励[64]。

3. 在线增值付费业务的相关研究

李剑南等采用社会认知理论，在通信增值业务情境下，得到付费意愿主要与以下四个因素直接相关：一是价值维度的感知价值变量；二是网络黏度变量；三是关系质量维度的社会资本变量；四是关系数量的网络外部性变量[65]。Hsu 等针对付费类 App 的特征，以明确购买意愿的影响因素为目标，对中国台湾地区手机用户付费 App 进行研究，基于持续理论模型与感知价值理论，引入 App 排名、习惯、免费选择付费 App、确认与满意度 5 个变量，也引入了社会价值、表现价值、货币价值、情感价值 4 个价值变量，经过分析得出潜在使用者与使用者为付费 App 付费的意愿并不同，尤其付费 App 的免费替代品负向显著影响

---

① 网络口碑指网民通过论坛（BBS）、博客和视频分享等网络渠道，与其他网民共同分享的关于企业，产品或服务的文字及各类多媒体信息。

购买意愿；满意度与免费选择付费 App 均正向显著影响付费意愿；情感价值正向显著影响满意度；确认正向显著影响社会价值、表现价值、货币价值与情感价值这 4 种类型[66]。Hamari 等提出的免费增值是如何影响用户感知产品质量的问题，通过运用 PLS 软件对 869 份有效问卷进行数据分析，得出结果是服务质量从保证、移情、可靠性与响应能力不同维度均正向显著影响购买意愿[67]。

4. 在线音乐付费的相关研究

Lin 等构建了以计划行为理论为基础的拓展模型，共收集了 268 份有效问卷，运用 PLS 软件分析得出，计划行为理论中固有变量之间的作用关系成立；从感知价值维度来看，感知利得或感知利失与付费态度的显著关系仍未确定。引入免费意识作为这两条路径的调节变量，免费意识起到负向调节作用。此外，知觉行为控制受到控制能力、道德规范的自我效能的正向显著影响[68]。同时，Oestreichersinger 等通过对 Last.fm 音乐网站的用户付费订阅行为研究发现，主观规范受到消费群体的影响，这说明在 Last.fm 音乐网站上付费订阅的用户直接影响未付费订阅用户付费[69]。Bapna 等延续其与 Oestreichersinger 的研究，对某音乐网站持续采集 41 个月的用户数据，利用 LA-PSM（look-ahead propensity score matching）方法发现，付费用户不仅购买音乐，还会自主生产更多音乐，促进好友的数量增加，进而促使更多用户付费[70]。

5. 在线教育与在线阅读付费的相关研究

Sameer 基于计划行为理论与创新扩散理论，引入行为态度及其多个前置因素，包括相对优势、复杂性、兼容性；引入主观规范、知觉行为控制及其二者共同的前置因素，包括网络自我效能、感知网络安全，构建解释、预测用户为在线内容付费的意愿的理论模型，运用 AMOS 软件进行检验，得出行为态度、主观规范与付费意愿的关系成立；兼容性正向显著影响态度；网络自我效能正向影响知觉行为控制。同时，认为用户为获取在线内容付费是一种正常的行为，有助于内容生产者持续提供有价值的产品，同时保证内容质量[71]。国内较晚的相关的文献有，李雅等以在线教育为情境，以确定哪些因素影响用户付费意愿为问题导向，在感知价值理论的基础上引入 10 个情境变量构建一个理论模型，共收集到 540 份有效问卷，经实证检验分析，得到付费意愿与社会影响、个人付费意识两个变量的关系并不相关，而与其他变量的关系均成立[72]。程晓宇等根据移动阅读情境的特点，以确定哪些因素影响付费意愿为问题导向，基于精细加工可能性理论模型的双路径特征，从边缘路径与两中枢路径两个方面引入多个情境变量，经实证分析得到，付费态度受到态度与个人意识两个变量共同作用，并且付费态度与有用性、信源信度、付费内容 3 个变量的显著关系成立[73]。该研究的行为态度要比个人意识对付费意愿的直接影响更大，行为态度作为付费意愿的重要影响因素也再一次得到实证支持。李敏等分析移动数字阅读市场的一般特定（从消费者的视角，分析消费者的认知、判断等），以大学生作为受试对象，以消费者行为模式为主构建理论模型，收集到 7 所大学的 441 份大学生问卷数据，经实证分析得到，反应因素、心理因素、刺激因素与外在因素 4 类因素共同影响付费意愿。具体来看，在反应因素中，60% 的受调查者已有付费行为；心理因素中的积极参与者实际付费机会更大；在刺激因素中，包括周围同学是否阅读或付费阅读、平台设置人性化与社交化，二者均对用户付费产生积极的正向作用；外在因素的 4 个因素包括大学生的月均生活费、家庭居住地、学校层次与性别，它们对付费意愿的作用，验证均成立[74]。该研究从几个方面总结了大学生付费阅读的影响因素，不过参与调查的学校只有 7 所，仍需进一步扩大调查样本数据的规模。

6. 短视频与直播平台的相关研究

王炳成等的 S-O-R 理论，构建了短视频生活场域的消费者购买意愿的链式中介模型，并综合运用结构方程模型与 Bootstrap 法定量检验了该模型的合理性。结果表明：短视频生活场域对消费者购买意愿存在正向影响；虚拟触觉与感知价值分别在短视频生活场域对消费者购买意愿的正向影响中起部分中介作用；虚拟触觉与感知价值在短视频生活场域对消费者购买意愿的正向影响中起链式中介作用[75]。又如，宋思根等指出主播作为直播电商的最能动因素，受到学术界普遍关注。与其他类型主播相比，明星主播因有角色形象定位而具有一定的特殊性，但目前明星"直播带货"对观众购买意愿的影响机制尚不清晰。基于社会比较理论，观众上行比较、自我差异、内隐人格共同构成了影响机制[76]。最后，王翠翠等研究发现，电商直播平台广泛应用的虚拟主播是由人工智能技术驱动的虚拟数字人"主播"，可以与真人主播一样和消费者互动，进行直播带货。聚焦虚拟主播互动性，综合运用问卷调查和眼动实验，探究虚拟主播互动性对电商直播中消费者购买意愿影响的中介机制以及调节机制；虚拟主播互动性对消费者购买意愿的影响过程中，由社会临场感起完全中介作用。眼动实验从视觉注意视角进一步证明，虚拟主播互动性对消费者购买意愿的影响机制，并发现产品类型(享乐型产品和实用型产品)对上述过程具有调节作用。具体而言，消费者在观看享乐型产品的直播时，虚拟主播的高互动性促使消费者关注产品和虚拟主播，减少了对互动弹幕的关注，提高了消费者的购买意愿；消费者在观看实用型产品的直播时，虚拟主播互动性水平对消费者的视觉注意以及购买意愿没有显著影响[77]。

3.1.2 文献总结与评论

（1）本书是以用户付费、付费意愿、付费模式、付费影响因素、知识付费、支付为关键词，在 CNKI、SCI 与 SSCI 数据库中检索，得到电子商务、网络游戏、在线音乐与在线教育平台付费行为的主要理论以及影响因素，见表 3.2。

表 3.2 不同理论下的电子商务、网络游戏、在线教育与在线阅读付费的影响因素

基础理论	影响因素
期望确认理论（execpectation confirmation theory，ECT）	满意度、期望确认（expectation conformation，EC）

续表

基础理论	影响因素
计划行为理论	主观规范、知觉行为控制、付费态度，及其三者的前置因素（相对优势、感知价格、信任、产品价值、免费价值观、货币资源、信息保护、购买技能因素、感知利得、感知利失、网络自我效能、感知网络安全）
技术接受模型	感知易用性、感知有用性
整合技术接受理论	感知娱乐性、成就、个性化、表现期望、努力期望
交易成本理论	感知到的价值
社会认知理论	网络外部性（关系数量）、社会资本（关系数量）、网络黏度、感知价值
感知价值理论	社会价值、情感价值、表现价值、货币价值
创新扩散理论	相对优势、复杂性、兼容性
精细加工可能性模型	中枢路径的及时性、有用性、娱乐性与边缘路径的个人付费意识、社会影响、信源信度、态度
消费习惯建立理论	心理因素、反应因素、外在因素与刺激因素
社会影响理论	社会因素
其他	个人付费意识、App 排名、感知成本、感知信任、习惯、限时免费、移情、课程试听体验、课程评论口碑、可靠性与响应能力、课程信息质量

资料来源：本书整理；不包括知识付费相关的研究。

（2）从已整理的文献来看，计划行为理论是研究初始行为的核心理论。一些文献仅采用计划行为理论研究初次付费行为（payment behavior，PB）影响因素，一些文献通过网络现有数据进行分析，发现了影响初次付费的因素来源于计划行为理论，其他文献大多采用多个理论的变量构建模型来分析初次付费影响因素。

（3）从研究理论来看，计划行为理论是发现更多付费影响因素的主要理论。计划行为理论、理性行为理论（theory of reasoned action，

TRA）与技术接受理论都可以引入前置因素来构建理论模型。其中，计划行为理论是通过行为态度、主观规范与知觉行为控制 3 个变量引入前置因素，行为态度与主观规范属于理性维度；知觉行为控制是非理性维度的变量。与计划行为理论不同，理性行为理论模型只能从行为态度与主观规范两个变量引入前置因素。同样，技术接受理论也仅能从感知有用性与感知易用性引入前置因素，这两个变量本质上属于行为态度，是理性维度的变量。总之，计划行为理论模型适合引入更多的情景变量，这有利于发现更多付费行为影响因素。

（4）从研究的方法来看，定量方法主要用于研究用户行为影响因素，这类研究主要通过调查问卷获取数据，有效问卷数量范围为190 ~ 530 份。此外，采用计划行为理论的研究，获取变量的方式多采用访谈方法。

3.2　知识付费的研究现状

2016 年 7 月 26 日，知识付费首次在《中国青年报》的 "73.9% 受访者愿为网络问答付费　体现知识分享价值" 文章中提出 [13]，随后由《新闻记者》与《青年记者》相继转载并评论，《编辑之友》《中国出版》《中国编辑》等期刊就知识付费存在问题及其未来发展等重要问题，相继刊登多篇文章，这标志知识付费的研究拉开序幕。

本书在 CNKI 的北大核心、CSSCI 数据库与 WOS 数据库对现有关于知识付费的文献进行研读，并进行总结归类，这也是了解知识付费研究现状的必要方法。本书在时间（2016—2022 年）与主题词（知识付费）两个限定条件下，通过 CNKI 的北大核心与 CSSCI 数据库检索出期刊总刊文量是 500 篇，包括 2016 年（3 篇）、2017 年（40 篇）、2018 年（130 篇）、2019 年（127 篇），2020 年（91 篇），2021 年（60 篇），2022 年（49 篇）。

3.2.1　知识付费影响因素的研究现状

本书梳理了有关知识付费研究的基础理论，以及知识付费影响因素的相关研究，见表3.3。

表 3.3　知识付费研究汇总

参考文献	理论/方法	因变量	影响因素
杜智涛 等[30]	计划行为理论	付费行为	外在需求、内在需求、专业性、趣味性、便捷性、主观规范与感知行为控制
方爱华 等[31]	感知价值	付费意愿	感知价值、口碑、感知有用性、感知信任、感知风险
周涛 等[32]	社会交互理论	付费意愿	信任、认同
周涛 等[52]	社会资本理论	付费意愿	社会交互连接、共同愿景，共同语言、认同、信任
赵宇翔 等[78]	社会交换理论与社会资本理论	付费意愿	信任、感知价值（感知成本、感知外部收益、感知内部收益）
赵杨 等[79]	社会资本理论	付费行为	认知型社会资本、关系型社会资本与结构型社会资本
李钢 等[80]	计划行为理论	付费行为	感知比如与服务质量、信任、体验、货币与时间资源、付费意愿、行为坦度、主观规范、知觉行为控制
黄彬 等[81]	计划行为理论	购买意愿	行为态度、认知信任、感知娱乐性、内容质量、感知有用性、知识服务相关性与主观规范
田加坤 等[82]	理性行为理论	付费意愿	感知易用性、感知有用性、主观规范、感知价值，信任，感知风险
张铮 等[83]	计划行为理论、技术接受模型	付费意愿	人口统计学变量、相对利益、行为态度、付费习惯、版权意识、集体规范、获取难度、知觉行为控制、自我效能感知成本、主观规范与感知成本

续表

参考文献	理论 / 方法	因变量	影响因素
李武 等[84]	感知价值理论	付费意愿	感知价值、感知收益、感知付出
李武 等[85]	感知价值理论	付费意愿	质量价值、收益价值、社会价值与价格价值
李偲 等[86]	感知价值理论	消费意愿	价格成本感知、情感价值感知、社会价值感知
张帅 等[87]	质性分析	付费行为	个体认知、主观规范、替代品、个体需求、信息质量、便利条件与经济因素
范建军 等[88]	文本分析	付费意愿	用户口碑、内容满意度、功能满意度、价格满意度、平台可用性、平台易用性
张薇薇 等[89]	内容分析	付费意愿	引言呈现方式、引言部分保持适度可读性、可读性与病例叙事
卢恒 等[90]	现状偏差理论理论	付费意愿	感知成本、感知价值
朱祖平 等[91]	使用与满足理论	付费意愿	满意度、感知信息质量、感知服务质量（perceived service quality）与感知系统质量与情感嵌入
李武 等[92]	使用满足理论	付费意愿	获取信息与知识，获得与"答主"直接交流的机会，"赶时髦"
魏武 等[93]	使用与满足理论	继续付费	工具性需求、娱乐性需求与社交需求
邓胜利 等[94]	社会交互理论	付费行为	专栏数、收藏数、"粉丝"数、社交需求、兴趣爱好、自我提升与情感需求
陈昊 等[95]	期望确认理论	付费意愿	试用获益、试用成本、试用满意度与价格合理性
齐托托 等[96]	信号理论	购买决策	评论数量、评论效价、卖家认知度、用户体验度、卖家回复率
赵菲菲 等[97]	多理论	付费意愿	感知趣味、技术易用、任务压力、求知好奇和社会影响

续表

参考文献	理论 / 方法	因变量	影响因素
严炜炜 等[98]	元分析	付费意愿	感知价值、感知风险、感知有用性、感知信任
苏鹭燕 等[99]	信任理论	购买意向	知识质量、对知识平台的信任、对提供知识产品商家的信任与对提供知识产品商家的认同
李武 等[100]	个人差异视角的大五人格	付费意愿	神经质人格、社会比较与求知欲

资料来源：本书整理。

1. 社会资本理论的研究

下面总结了知识付费发展初期的相关研究。周涛等构建知识付费意愿影响因素的理论模型，模型中的影响因素主要来自社会资本理论的3个方面，包括关系维度、认知维度与结构维度，运用 LISREL 软件对411 份有效问卷的分析得出的结果是，付费意愿受到信任因素的影响作用最大[52]。赵宇翔等将社会交换理论与社会资本理论相结合，构建问答平台用户付费影响因素的理论模型，再运用 PLS 软件对 246 份有效问卷进行分析，得出以被调研者的信任作为调节变量，在感知价值与付费意愿之间有调节作用成立，同时正向互惠在经济成本与感知价值之间起调节作用[78]。赵杨等从知识提供方的角度，依据社会资本理论，在知乎网站上获取数据，采用回归方法对数据进行分析，得出的结果是，付费行为分别受到认知型社会资本、关系型社会资本与结构型社会资本三个因素的显著影响[79]。

2. 计划行为理论为基础的研究

李钢等深入分析知识付费的特征、形成，以计划行为理论为基础，引入感知质量、信任、体验、货币与时间资源等变量构建模型，运用 AMOS 软件对 416 份问卷数据进行分析，并阐述了感知质量、信任、货币与实践资源对知识付费的显著影响，验证了付费意愿在知觉行为控制对付费行为之间的部分中介作用[80]。

3. 计划行为理论与技术接受理论整合使用的研究

黄彬等将知识付费界定为知识服务,以满足用户等核心需求为视角,构建知识服务购买意愿的理论模型,经实证分析得出的结果是,自我效能、主观规范、行为态度 3 个变量分别显著影响购买意愿,行为态度受到感知有用性、认知需求、信任 3 个变量的正向显著影响,同时感知有用性受到主观规范、感知服务质量与感知娱乐性三个因素的正向显著影响[81]。田加坤分析了虚拟社区的特点与一般规律,引入多个情境变量构建理论模型。为了进行分析,本次共收集了 244 份有效问卷,运用 AMOS 软件进行分析后得出,正向显著影响用户付费意愿的因素分成 3 类:感知价值维度变量、主观规范因素、信任因素[82]。在张铮等构建模型中的假设主要分成 4 个方面:直接影响付费意愿的因素主要来源有 3 个:计划行为理论的 3 个变量(行为态度、主观规范与知觉行为控制)、感知价值维度的感知成本、人口统计学的变量、自我效能;影响行为态度的因素有 4 个:感知成本、付费习惯、相对利益、版权意识。其中,感知成本、付费习惯、相对利益是较为常见的因素,而版权意识的影响作用则较少见。结果显示,自我效能显著影响知觉行为控制,行为态度的部分中介作用是影响支付意愿的有效路径;版权意识、付费习惯与相对利益正向显著影响行为态度,而自我效能、统计学特征变量与支付意愿的关系不显著[83]。杜智涛等构建知识付费行为影响因素理论模型的因素主要是体验与需求。需求被分为外在与内在需求,通过研究得出体验对付费行为的贡献比需求更大,知觉行为与知识付费负相关。该研究样本来源较丰富,并且从体验与需求两方面建立与知识付费的作用关系,通过实证给出的结论是相关研究的一次有益扩充[30]。

4. 感知价值理论的研究

李武等以感知价值为理论基础,加入感知收益与感知费用情境变量,构建付费意愿预测模型,运用 AMOS 软件对 328 份有效问卷进行数据分析的结果是,提升知识产品的质量可有效提高用户满意度[84],不过该研究仅限付费问答样本,更多知识付费产品类型并未纳入研究。

此后，李武等以在线支付问答平台为研究对象，构建付费意愿影响因素理论模型，其中，过去行为作为调节变量影响付费意愿，另外引入感知价值的收益价值、社会价值、质量价值与价格价值4个变量共同作用付费意愿，对采集到的328份有效问卷分析，得出的结果是，社会价值、价格价值分别与付费意愿的直接作用关系成立，并且过去行为在社会价值、价格价值与付费意愿之间起到调节作用[85]，未来有必要进一步研究免费模式对付费行为的影响。方爱华等从感知价值与口碑视角引入变量，构建解释与预测付费意愿变量的理论模型，结合感知价值的前置因素，采用最小二乘法对321份有效问卷进行分析，得出的结果是，当感知风险、感知成本增加时，感知价值均降低，而感知有用性、感知信任增加时，感知价值上升，但与付费意愿的作用关系不成立[31]。李偲等基于感知价值理论，以大学生群体为研究对象，针对消费者对知识付费平台付费会员服务的价值感知与付费意愿，通过问卷收集消费者数据进行实证研究。经研究发现，价格成本感知、情感价值感知、社会价值感知对知识付费会员服务的付费意愿有显著影响[86]。

5. 质性分析法与文本分析法的研究

张帅等对18位受调查者的访谈记录进行分析，得出结果是，个体需求、信息质量、个体认知、主观规范对知识付费行为的影响依次减弱[87]。该研究采用定性方法建构模型，并未采用定量方法实证检验。范建军运用文本分析方法，对"得到"App在应用商城的1064条用户评论进行整理与分析指出，由高到低影响用户满意度的变量依次是用户口碑、内容满意度、功能满意度、平台可用性、平台易用性与价格满意度。平台易用性、平台可用性对用户的体验与满意均有显著影响，如App闪退、网络连接异常或无法联系等问题容易导致用户体验差，满意度下降，对知识付费平台的整体好感变弱，导致用户不愿意为知识产品付费[88]。该研究对用户的评论采用的是语义分析，整理与总结"得到"App使用者的评论得出以下结论：首先，评论内容较少，只对知识付费的一个平台应用进行分析，结果的普遍适用性具有明显局限性，有待采取相同的方法对喜马拉雅 FM、知乎、"豆瓣时间"等知识付费平台进行实证检验。其次，该研究只采用了语义分析，并未在定性研究的基础上进行定量分析，分析结果的可靠性要进一步研究。影响用户满意度与体验的前置因素在其他实证研究中进行了广泛研究，但绝大部分的分析并未采用知识付费平台的相关数据，所以有待进一步相互印证与补充。此外，张薇薇等对"好大夫在线"付费阅读产品进行研究发现：健康知识标题语气对购买量没有显著影响；引言文本可读性与购买量之间呈现"M 形"关系，引言呈现方式对购买量有显著影响，通常复合型比单一型具有更高购买量；健康知识主题对购买量没有显著影响，但与引言呈现方式的交互效应显著，引言部分保持适度可读性更能吸引用户购买，可读性值过低或者过高都会降低购买量，病例叙事更能激发用户的付费意愿[89]。

6. 基于现状偏差理论的相关研究

卢恒等以参与语音问答的社区用户为研究对象，构建知识付费意愿影响因素模型，研究得出付费意愿受到感知收益的正向显著影响，受付费成本的负向显著影响[90]。朱祖平等以现状偏差理论为框架研究知识付费，但注重找到影响持续付费意愿（payment intention，PI）的因素[91]。

7. 基于使用与满足理论的相关研究

李武等以使用与满足理论为主，结合媒介需求与媒介使用两种方式，引入多个情境变量，构建知识付费意愿的理论模型，经分析得出，媒介需求、媒介使用动力、"赶时髦"三个因素都直接显著影响付费意愿。因此，采用媒介需求与使用两种方式分析付费意愿影响因素，更能扩大研究视角[92]。魏武等构建了用户继续付费意愿影响模型，实证结果显示，工具性需求、娱乐性需求、社交需求均正向显著影响继续付费意愿，但该研究主要针对音乐性知识内容用户[93]。辅以现状偏差理论，朱祖平等构建的持续付费意愿影响因素理论模型主要由 3 类影响因素组成，一是社区情感嵌入变量，二是感知质量的系统质量、服务质量与信息质量，三是满意度。为了本次研究共收集了 318 份有效问卷，并采用 Smart PLS 软件分析数据得出满意度与持续意愿的关系成立，并且社区情感嵌入在二者之间起调节作用；满意度分别受到感知维度的系统质量、服务质量与信息质量的影响[91]。

8. 基于社会交互理论的相关研究

周涛等构建的知识付费意愿影响因素理论模型的因素有信任和认同，其中认同又分为评价维度、情感维度与认知维度，为了本次研究共收集了 377 份有效问卷，并采用 LISREL 与 SPSS 软件分析数据得出，付费意愿受到信任与认同两个因素的显著影响，信任比认同的影响弱[32]。邓胜利等从知乎社区获取 400 万用户数据，分析得出，付费行为受到"粉丝"数、收藏数、专栏数 3 个因素的影响最大，而购买知识产品主要受到情感需求、自我提升、社交需求、兴趣爱好 3 个因素的影响，同时社交互动与用户知识付费行为正相关。该研究以知乎单一知识付费平台数据得到知识付费行为贡献的影响因素，从社会交互视角进一步得到了影响知识付费行为的因素[94]。

9. 基于期望确认理论的相关研究

采用该理论的研究并不多，较具代表性的研究是：陈昊等构建的用户付费影响因素理论模型中的影响因素主要分成 3 类，一是直接影响付费意愿的试用满意度、价格合理性；二是直接影响试用满意度的试用获益、试用成本，试用获益又分成实用价值与享乐价值，共收集到 282 份有效问卷，经实证分析得出，价格合理性是影响付费意愿的直接主要因素，同时其作为中介变量也会影响付费意愿；试用满意度与付费意愿并无显著相关性；享乐价值、实用价值显著影响试用满意度，验证了试用成本与试用满意度的作用关系[95]。

10. 基于信号理论

齐托托等探讨了在线评论和卖家回复分别作为市场信号和卖家信号对知识付费产品购买决策的直接影响，并讨论了卖家信号对市场信号与知识付费产品购买决策间关系的调节作用。研究表明，评论数量、卖家认知度、用户体验度和卖家回复率正向影响知识付费产品购买决策，评论效价与知识付费产品购买决策呈倒 U 形关系，评论长度对知识付费产品购买决策影响不显著，同时，卖家回复率显著增强评论数量、用户体验度与知识付费产品购买决策之间的关系[96]。

11. 基于其他理论的相关研究

引入变量较多的研究有，赵菲菲等通过文献调研方法，综合对比多个理论，从中选取 9 个变量构建模型，对 409 份有效问卷采用 SPSS 软件分析得到实证结果，与用户付费意愿负相关的变量是工作年限、工作收入，用户付费问答意愿与社会影响的相关性最大，与技术易用性、任务压力、感知趣闻性的显著相关性适中，与平台信任、自我效能无显著相关性[97]。作者选取在线问答情境展开研究得出，直接影响知识付费意愿的因素，有必要在此基础上进一步进行多情境研究；严炜炜等采用元分析法对现有有关知识付费影响因素的文献分析得出，感知价值与付费意愿的相关性最大[98]，而信任对知识付费意愿的影响是以平台类型作为调节变量实现的；苏鹭燕等基于信任理论与社会认同理论，引入知识质量、平台端的信任、知识提供商的信任与认同 3 类变量，构建了知识付费影响因素理论模型，运用 Smart PLS 软件对 504 份有效调查问卷的数据进行分析，得出提供知识产品的商家的信任程度与用户的购买意愿（购买意向）之间直接作用的同时，为了进一步明确二者之间的关系，引入提供知识产品商家的认同（认同），得出购买意向与认同的关系成立，购买意向与信任的关系也成立[99]。较有新意的研究是，李武等从个体差异视角，引入大五人格的神经质人格、社会比较与求知欲 3 个因素，构建知识付费影响因素理论模型，运用 Bootstrap 与 SPSS 软件对 471 份有效问卷进行统计分析得出，神经质人格正向显著影响知识付费意愿，神经质人格通过社会比较间接显著影响知识付费意愿。该研究不同于以往研究视角，而是采用大五人格的神经质人格，有助于从非理性方面考虑焦虑对用户付费意愿的影响[100]。

表 3.3 从文献出处、理论 / 方法、因变量与影响因素 4 个方面对知

识付费影响因素的相关研究进行详细梳理，在此基础上，整理出不同基础理论与付费意愿、付费行为的影响因素，见表 3.4 和表 3.5。

表 3.4　不同理论的知识付费意愿的影响因素

基础理论	付费意愿的影响因素
社会资本理论	社会交互理论、共同愿景、共同语言、认同、信任
社会交互理论	信任、认同
感知价值理论	感知价值、感知有用性、感知信任、口碑、感知收益、感知付出与感知风险
计划行为理论	主观规范、态度、免费价值观、易用性、行为态度、知觉行为控制与相对优势
理性行为理论	主观规范、信任、感知易用性、主观规范、感知价值、感知有用性与感知风险
技术接受模型	内容质量、感知有用性、知识服务相关性、感知娱乐性
使用满足理论	获取信息与知识，获得与"答主"直接交流的机会，"赶时髦"
信任理论	知识质量、对知识平台的信任、对知识产品商家的信任与对提供知识产品商家的认同

资料来源：本书整理。

表 3.5　不同理论的知识付费行为的影响因素

基础理论	付费行为的影响因素
社会资本理论	社会交互理论、共同愿景、共同语言、认同、信任
计划行为理论	主观规范、免费价值观、相对优势、付费意愿、易用性、感知价值、感知内容、服务质量、信任、知觉行为控制、体验、货币与时间资源、行为态度

资料来源：本书整理。

3.2.2　知识付费其他行为的研究现状

有关知识付费其他行为的研究现状，详见表 3.6。

表 3.6　知识付费其他行为研究汇总

参考文献	理论 / 方法	因变量	影响因素
赵保国 等[101]	持续理论模型	持续使用意愿	感知有用性、满意度、期望确认、主观规范与感知成本
宋金倩[102]	感知价值理论	持续使用意愿	感知价值、功能性、技术性、社会性与感知成本
刘齐平 等[103]	扎根理论	持续使用行为	期待行为和推荐行为、用户情感、重复行为与用户认知
金鑫 等[104]	持续理论模型	持续使用行为	满意度、感知有用性、期望确认、感情价值与社会价值
陈娟 等[105]	技术接受模型	使用偏好行为	感知易用性、感知有用性、感知享乐性
陈月盈 等[106]	技术采纳模型、计划行为理论	持续使用意愿	内容质量、情境质量、社群氛围
张杨燚 等[107]	感知价值理论	持续参与意愿	感知价值与信任
齐云飞 等[108]	—	参与行为	问题长度、回答长度
赵庆亮 等[109]	文本分析	围观行为	回答价格、相似问题被围观量、回答者声誉、回答被赞同次数与回答长度
单英骥 等[110]	精细加工可能性模型	持续分享行为	主播网络嵌入、专辑课程数量与专辑累积分享效果
金鑫[111]	整合型技术接受模型	采纳行为	感知风险、绩效期望、便利条件与社会影响
刘齐平 等[112]	社会资本理论	选择行为	行家评分、行家的想见数、教育背景与评论数

1. 持续行为的相关研究

（1）基于持续理论的持续使用行为研究。赵保国等分析知识付费平台上的用户持续使用行为，希望以此找到影响持续行为的因素，经过实证分析得出，持续使用意愿、感知有用性均受到主观规范的显著影响；持续使用意愿与感知成本无相关性[101]，这主要是因为用户持续使用知识付费平台时，并未过多考虑付出的成本因素，被调查者经济状况较好并有较多空闲时间，均大幅度减弱感知成本的作用。宋金情构建了理论模型，经数据分析得出，感知价值起到中介作用，并且其他所有假设成立。其中，感知价值是对感知收益与感知成本之间差异的一种感知，持续参与是一种连续行为，最初信任对参与有显著影响，但经过多次参与使得信任不断被情感等弱化，或者参与成为习惯也会导致信任对持续参与影响不显著[102]。刘齐平等运用质性研究方法，收集了"在行网"的真实用户评论数据，得到结果为重复行为、期待行为和推荐行为、用户认知、用户情感是持续使用行为[103]。金鑫等对收集到的 326 份有效问卷分析得出，社会价值、情感价值、期望确认感知有用性对满意度的作用成立[104]，与赵保国等的结论一致[101]。在研究持续使用行为之外，陈娟等以大学生为被调查对象，为确定哪些因素影响付费意愿，构建理论模型，包括使用频率、专业、月消费、学校、年级与性别 6 个变量，以及感知价值维度的 3 个变量，运用 SPSS 软件分析 129 份有效问卷得出，使用频率、月消费额与年级分别显著影响 3 个感知因素，其中感知享乐性、感知有用性与使用偏好的作用关系成立[105]。陈月盈等从服务质量和社群建设的角度探讨用户持续使用意愿的影响因素，以及人口因素在其中的作用。研究结果表明，内容质量、情境质量和社群氛围都对知识付费用户的持续使用意愿有显著正向影响，性别、年龄、受教育程度和月收入的影响则不显著。这表明在我国知识付费用户的持续使用行为中人口因素差异不显著，而知识付费平台作为重要的媒介，服务质量和对于社群的建设是影响用户使用体验和持续使用意愿的重要因素[106]。

　　基于感知价值理论的持续参与行为研究。张杨燚等引入感知价值、信任等变量构建用户持续参与意愿的模型，共收集了 222 份有效问卷，运用 PLS 软件分析得出，持续参与意愿与感知价值的直接作用关系检验成立，而与信任无相关性[107]。齐云飞等将在线社区分成免费与付费两种模型，两种模式下用户参与行为也存在差异，经实证分析得出，在免费问答条件下,问题描述得越长,回答者对该问题的回答次数越少,并且回答的字数也越少,此外,付费与免费下的问题长度与回答问题的长度都会影响围观用户的评价[108]。该作者对免费与付费两种模式的分析方法更有助于认清知识付费用户参与的机制,是一次有益的尝试。赵庆亮等以确定哪些因素影响用户付费围观行为为指导,使用文本分析方法得出,回答者的声誉是一个重要调节变量,回答价格与付费围观相关[109]。

（2）基于精细加工可能性模型的持续分享行为的相关研究。单英骥等采用两阶段数据分析方法,研究了在线教育社区主播网络嵌入与专辑特征对知识产品分享效果的影响,经过实证分析得出,主播网络嵌入和专辑课程数量对专辑持续分享效果有显著正向影响,同时付费金额对专辑累积分享效果和持续分享效果有倒 U 形影响,并且专辑累积分享效果对持续分享效果有显著正向影响[110]。该研究以知识平台的主播为研究对象,分析多个因素对主播知识持续分享的影响,研究结论更深刻,对细分行业运营与管理有较好的指导价值。

2. 采纳行为的相关研究

下面介绍基于技术整合接受理论模型的采纳行为研究。金鑫在感知风险理论、使用与满足理论两个视角的共同作用下,通过整合型技术接受模型构建知识付费采纳意愿理论模型,对收集的 418 份有效问卷,运用 AMOS 软件分析数据得出,绩效期望、感知风险、便利条件、社会影响四个因素与使用意愿的作用关系成立[111]。该研究的因变量是使用行为,但其内涵包括持续使用行为,拓展了今后此类问题的研究边界。

3. 用户选择行为的相关研究

下面介绍基于社会资本理论的用户选择行为研究。刘齐平等从社会资本理论视角出发,根据知识付费情境,引入社会资本理论的认知型、关系型与结构型维度的变量,采用从"在行网"获取的课程与行家数据,经对用户选择行为模型的实证分析得出,用户选择行为与教育背景、评论数、行家评分与行家的想见数正向显著相关[112]。该研究提出的诸多影响用户选择行为的因素，有益于后续更深入地研究。知识付费其他行为研究可见表 3.6。

3.2.3 文献总结与评论

1. 知识付费行为的理论及影响因素分析

（1）基于感知价值理论及其影响因素研究。采用感知价值理论对知识付费平台用户付费行为影响因素的研究较为普遍。知识付费平台用户付费行为影响因素的结论集中于感知利得与感知利失两方面：一是感知利得的影响因素，包括感知价值、感知内容质量（perceived content quality，PCQ）与感知服务质量[83]等；二是感知利失的影响因素，包括感知风险与感知成本[31]、经济成本[81]。具体来看，大量研究集中于从感知利得方面分析用户付费行为，而从感知利失方面对用户付费行为进行解释的较少，主要是体现在这方面的影响因素数量较少，相关研究不够深入。

（2）基于信息系统相关理论及其影响因素研究。有关信息系统用户行为的研究多集中在信息系统使用、接受与采用等行为。随着互联网与移动互联网的日趋成熟，针对社会化信息系统情境的用户行为研究受到广泛关注。知识付费平台用户付费行为影响因素研究涉及的主要理论有：技术接受理论、期望确认理论、IS 成功模型、ELM 模型等。例如，根据技术接受理论可知，社会影响、任务压力、求知好奇、感知趣味、技术易用影响用户付费问答意愿[101]。又如，期望确认理论强调使用后感受对用户付费行为的影响，如试用满意度[99]。再如，IS 成功模型，其涉及的影响因素包括系统质量与信息质量。综上，基于信息系统相关理论的研究成果较为丰富，对用户付费行为的解释比较深入；而重复验证的研究较为普遍，理论之间与变量之间的关系层次不够清晰。

（3）基于社会心理相关理论及其影响因素研究。社会心理学侧重研究人们如何看待他人、如何影响他人以及如何相互关联等诸多问题。

由于学者的研究视角不同，用于解释或预测用户行为采用的基础理论也有所不同。知识付费平台用户付费行为影响因素研究涉及的理论有：计划行为理论、社会资本理论、信任理论、理性选择理论、社会认知理论、大五人格、S-O-R 理论、MOA 理论、准社会关系与 3 种需求理论等。例如，在计划行为理论方面，行为态度、主观规范、知觉行为控制等都是间接显著影响用户付费行为的因素，感知成本、付费意愿与知觉行为控制是直接显著影响用户付费行为的因素[80]；在社会资本理论方面，认知维度、评价维度、情感维度、共同语言是付费行为的动力因素[52]；在信任理论方面，对提供知识产品商家的信任正向显著影响用户付费意愿[99]。具体来看，社会心理学相关理论普遍适用于有关国内外用户行为的研究，但国内研究不能照搬国外的研究成果，不同国家、种族等条件的限制制约着对我国大众行为的解释度。这也是通过不同理论进行验证研究的重要原因，但通过多理论整合解释用户付费行为的研究还较少，能够明确有效的解释用户付费行为的变量也不多。

（4）使用、采纳与分享等具体用户行为的理论及其影响因素研究。围绕知识付费平台用户行为影响因素的研究，不仅获得了关于用户付费行为的影响因素，而且通过调查问卷与网站爬虫方式获取了数据；对使用、采纳、分享、围观、选择和参与等行为进行研究，发现了一些有价值的影响因素。其中，用于研究使用行为的理论有精细加工可能性模型、持续理论，涉及的因素包括满意度、主观规范、感知有用性、期望确认、心流体验、感知行为控制、感知隐私风险、感情价值、社会价值与感知成本等；围绕采纳行为研究的理论有整合型技术接受理论，得到感知风险、绩效期望、便利条件与社会影响等因素；用于研究分享行为的理论有精细加工可能性理论模型与计划行为理论，涉及因素有态度、主观规范、知觉行为控制、期望确认、满意度与感知有用性等。以上相关因素与用户行为的关系有正向显著与负向显著两类，此外，求知欲在感知价值对用户持续参与影响中起促进作用，而免费意识使感知价值对用户使用意愿的影响减弱。

相比之下，围观、选择及参与行为的文献研究较少，研究结论的准确性与有效性尚需实证研究加以证实。明显地，学者们对使用、分享等用户行为研究的关注度还不够，不同用户行为之间关系密切、互相影响，不但要继续加深对用户付费行为的研究，更要扩展对用户其他行为的分析，尤其对围观、选择及参与行为的研究更要加强。

2. 未来展望

对知识付费平台用户行为的相关研究进行回顾分析发现，用户付费、使用、采纳、分享、围观、选择和参与行为的影响因素是现有研究的主要方向，同时这些研究主要通过问卷调查、访谈与网络爬取方式获取数据；其中，用户付费行为的影响因素是学者们的关注重点，这类研究是以问卷调查数据为主，以访谈或网络爬取数据为辅，基于感知价值、信息系统与社会心理学 3 方面的相关理论，从各种不同理论视角解释与预测知识付费平台用户付费行为；此外，围绕使用、参与和分享等用户行为的研究，都是以问卷调查数据为主、以网络爬取数据为辅。总的来看，现有文献在研究对象、方法、视角等方面都存在不足之处，有待进一步拓展与深化研究。为此，本书得出以下展望。

（1）拓展知识付费行为的研究对象。知识付费行为的实证研究文献中，研究对象多以用户付费、使用、采纳、分享、围观、选择和参与行为为主。但实际上，用户从知识付费平台上购买的是产品，也是一种服务，付费决策过程中涉及不同阶段，即使用户决定付费后也会存在使用、分享等后续多种不同行为，值得拓展研究。建议围绕使用、分享、选择等用户行为，丰富知识付费平台用户行为的研究对象，并引入调节、中介与控制变量展开深入研究。

（2）丰富知识付费平台用户行为的数据研究方法。前期研究多使用问卷调查方式获取数据，并通过功能相似的 AMOS、PLS 统计软件分析构建理论模型，虽然访谈数据与网站爬取数据获取方式不同，但这两种获取数据方式得到的研究结果有一个共同点，即主观性较强。这里建议可以单独选用客观数据，或主观数据与客观数据相结合的方式进行实证研究，丰富知识付费平台用户行为的数据研究方法。

（3）引入知识付费平台用户行为研究的新视角。现有知识付费平台用户行为研究的理论选择较为单一，大多倾向于引入感知价值视角的影响因素解释用户行为。这里建议引入知识付费平台用户行为研究的新视角，选择理论不仅要沿袭已有研究结论，更要整合不同理论视角下的影响因素，提升对用户行为的解释与预测。

（4）开拓知识付费平台用户行为的研究方向。现有知识付费平台用户行为的研究中，付费行为虽是研究重点，但研究深度不够。实际上，研究不仅要能够解释与预测初始的用户付费行为，也要明确哪些因素持续影响用户付费行为，更要明确初次付费与持续付费影响因素的关系。这里建议要开拓知识付费平台用户行为的研究方向。例如，结合重复购买、持续使用等用户行为的研究现状，采用用于重复购买或持续行为研究的期望确认理论与持续模型等，研究初始付费与持续付费行为（payment behavior，PB）的影响因素，拓展用户付费行为的研究边界。

3.3　与计划行为理论相关的研究

在 CNKI 数据库检索中，以计划行为理论为基础理论的研究有 489 篇。检索时间是 2017—2022 年，主题词是"计划行为理论"与 TPB，检索数据来源类别为北大核心与 CSSCI 数据源。

3.3.1　国内外相关研究

目前国内外研究中，有很多针对用户行为研究的理论，其中计划行为理论是重要的基础理论。采用计划行为理论的相关研究涉及范围广泛。

1. 关于用户行为研究理论的梳理

从现有的研究中发现，解释与预测用户行为的理论成果较为丰富，理性行为理论（TRA）、计划行为理论（TPB）、计划行为理论的拓展理论（DTPB）、技术接受模型（TAM）、TAM的拓展模型-2（TAM2）及TAM的拓展模型-3（TAM3）、整合技术接受理论（UTAUT）、UTAUT的拓展模型-2（UTAUT2）、期望确认理论（ECT）、持续理论模型（ECM）。

　　国内外用于用户行为研究的理论模型主要是以Fishbein与Ajzen的理性行为理论为基础[113]。Ajzen在长期对理性行为的研究过程中逐步发现，理性行为仅以个人理性假设作为构建模型的前提过于单一，有必要将个人意志力控制行为的假设进一步扩大到人的非理性上，由此在理性行为理论被提出的10年后的1985年，Ajzen将知觉行为控制这一非理性变量引入理性行为理论，构建了理性与非理性两个维度，用于解释与预测用户行为的理论模型，即计划行为理论。经大量实证分析得到知觉行为控制与行为意愿共同影响用户行为，同时知觉行为控制与行为意愿的直接作用关系成立。此外，主观规范、行为态度与行为意愿的相互作用关系验证成立[114]。在计划行为理论出现同一时期，Davis提出了技术接受模型，同样是以理性行为理论为基础。在该模型中，个人使用信息系统初期，行为态度是行为意愿的主要决定因素，假设1认为感知有用性与感知易用性二者均正向显著影响行为态度，假设2认为行为态度与感知有用性均正向显著影响行为意愿，但实证分析的结果是行为态度对行为意愿的贡献并不大[115]。并且，修正后的技术接受模型并未引入主观规范[115]，这是技术接受模型较为明显的不足。在Venkatesh与Davis进一步挖掘的技术接受模型中，对于影响感知易用性的前置因素，实证结果显示，在未将行为态度引入技术接受模型的情况下，依然能够解释行为[116]。通过不断修正模型的解释度，并进一步增加主观规范等变量，再将社会影响引入技术接受模型，构建TAM2[117]。Venkatesh等在TAM2基础上，引入感知易用性的前置因素，构建TAM3[118]。与此同时，Venkatesh等在2003年、2012年分别提出整合技术接受模型与UTAUT的拓展模型-2的理论模型[119-120]，其中整合技术接受模型通过 8 个常见的用户信息系统采用行为研究的理论模型整理而来，总的来看，该模型的解释度优于其他模型的解释度[119]。通过引入享乐动机、价格价值与习惯 3 个变量到整合技术接受模型，构建了一个全新的理论模型，即 UTAUT 的拓展模型–2，实证分析的结果显示，享乐动机与价格价值均正向显著影响行为意愿，且习惯正向显著影响行为意愿与行为[121]。相比之下，持续理论从理性行为理论上继承变量并不多。事实上，持续理论是期望理论模型的拓展。期望理论模型认为满意度决定重复购买意愿。但在信息系统情境中，用户主要使用信息系统的技术，所以仅使用满意度一个变量不能很好地解释持续使用意愿，要与感知有用性共同解释持续使用意愿，这是因为感知有用性不会因用户拥有既有经验而使有用性减弱。因此，持续理论模型是在期望确认理论基础上引入感知有用性构建的理论模型。持续理论模型认为初始采用（也称为接受或初次使用）信息系统的技术固然重要，但持续使用它们才是成功的关键，该结论得到学者们的广泛认同与普遍采用，见图 3.1。

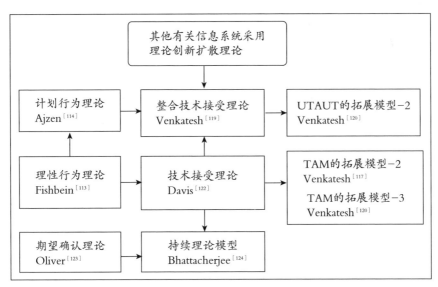

图 3.1　有关用户行为研究理论的发展脉络

对用于用户行为研究的回顾，清楚了理性行为理论与计划行为理论是信息系统与社会心理学发展与完善的重要基础理论，依据这两种理论构建的拓展理论也逐步形成，有助于为用户行为研究提供多种视角，加深理解的深入与广度，理论的形成是为了更好地解决问题，用户行为研究的一个方向是如何提升用户行为的预测与解释能力。从实证分析的结果来看，有些模型效果较理性，而有些模型的既往实践结果并不理想，如果引入新的变量可增进理解，那么构建的理论模型具有一定的理论与实践价值。目前，对于用户行为的研究，学者们参考计划行为理论的居多，引入新的变量或修订模型后构建的理论模型丰富了具体情境的解释范围并加深了对原有模型的认识，不过计划行为理论存在以下几点问题：

第一，知觉行为控制、主观规范、行为意愿与主观规范4个解释变量过少的问题。虽然计划行为理论从理性与非理性两个方面引入变量建立与行为的关系，却不能更深入解释特定情境的用户行为，需引入新的变量构建拓展模型。

第二，付费意愿与知觉行为控制两个变量中，对用户行为贡献哪个变量作用更大并不确定。计划行为理论模型中与行为直接相关的变量是知觉行为控制与行为意愿，较为普遍的结论是行为意愿要比知觉行为控制对行为的贡献要大。

第三，对计划行为理论模型适用情境的普遍性存在质疑。

以理性行为理论、计划行为理论为基础的研究较为常见，理性行为理论是以个人的意志力控制行为为前提假设，而计划行为理论将个人对资源或机会可控制程度的非理性因素作为解释与预测用户行为的主要决定因素。同时，持续理论模型的假设是持续使用意愿决定持续使用行为，而持续使用意愿是通过情感类因素（满意度）与认知类因素（感知有用性）两条路径解释与预测，其中情感类因素与认知类因素是学者们拓展理论模型的主要方向之一。

2. 以计划行为理论为主的研究

（1）运用跨接效应的相关研究。Taylor等最先通过实证检验了跨接效应的存在，后来 Taylor 将创新扩散理论整合到计划行为理论中，通过跨接效应，引入相对优势、复杂性、兼容性、规范的影响、自我效能与促进因素，构建了信息系统使用影响因素理论模型，实证结果显示，计划行为理论模型固有变量的作用关系均成立，被引入的复杂性、相对优势分别与主观规范、行为态度显著正相关。除此之外，复杂性与知觉行为控制之间的作用关系得到实证支持，而兼容性正向显著影响态度与主观规范[125]。该研究是较早将跨接效应应用到计划行为理论模型中的，增加的态度信念、规范信念与促进条件共同影响行为态度、主观规范或直接行为控制。Cheng 等基于计划行为理论，引入过去经验与过去行为，在跨接效应作用下，构建了学生协作影响因素理论模型，运用 PLS 软件对 230 份有效问卷进行数据分析，得到理性维度的行为态度与主观规范受到过去经验、过去行为显著影响，同时非理性维度的知觉行为控制受过去经验、过去行为的显著影响[126]。该研究沿用了 Taylor 等有关跨接效应在计划行为理论中成立的结论[125]。

（2）调节变量起调节作用的相关研究。Lin 等基于计划行为理论，针对在线音乐情境的自身特征，通过所构建的理论模型，运用 PLS 软件对 268 份有效问卷进行数据分析，结果显示付费态度、主观规范、知觉行为控制均正向显著影响付费意愿；付费态度受到其前置因素（感知利得、感知利失）显著影响，同时免费意识分别在感知利得、感知利失与付费意愿之间起到调节作用；知觉行为控制受到控制能力、道德规范的自我效能的正向显著影响[68]。国内的相关研究有，黄顺铭充分分析虚拟社区知识分享自身特征，在明确分享行为、意愿与自我效能三者之间直接关系的同时，引入年龄作为调节变量，进一步挖掘变量之间更深层的作用关系，经实证分析得出，只有知觉行为控制与行为的作用关系不成立，其他有关计划行为理论中，行为态度、知觉行为控制与主观规范的固有假设关系均成立，同时进一步明确知识分享效能分别与知识分享行为、知识分享意愿的关系成立，此外，性别起到调节作用成立[127]。自我效能常被看作知觉行为控制的前置因素，而该研究中知觉行为控制与行为的关系并不显著，自我效能与行为的关系显著，结果与理论不符，有待进一步实证验证。

（3）整合理论模型的相关研究。

1）计划行为理论与社会认知理论的整合。被广泛关注的研究是，Hsu 等运用计划行为理论，辅以社会认知理论，引入感知维度的变量，以及网络自我效能、特定网站自我效能、人际规范与社会规范变量，构建电子服务用户使用行为影响因素的理论模型；运用 LISREL 软件对276 份有效问卷数据的分析结果：①态度、知觉行为控制的特定网站自我效能正向显著影响行为意愿；②行为意愿与特定网站自我效能正向显著影响行为；③网络自我效能正向显著影响特定网站自我效能；④社会规范正向显著影响态度；⑤感知有用性、感知娱乐性、感知风向与自我效能均正向显著影响态度[128]。该研究是电子服务早期的研究，具有一定创新性。

2）计划行为理论与技术接受模型的整合。Luarn 等结合手机银行系统情境，综合运用技术接受理论与计划行为理论，在手机银行系统情境下，构建一个使用意愿影响因素理论模型，共收集了 180 份有效问卷，运用 LISREL 软件分析数据得出，感知财务与使用意愿负向显著相关，同时感知易用性与自我效能显著正相关[129]。Pavlou 针对电子商务情境的自身特征，以确定哪些因素影响用户购买意愿为目标，从开放式问卷中得到多个情境变量，构建一个计划行为理论与技术接受模型为主的综合理论模型，共收集了 312 份有效问卷，运用 PLS 软件分析数据得出，购买行为作为理论模型的因变量主要受到行为意愿与知觉行为控制两个变量的影响，计划行为理论模型中的固有变量关系成立，此外，购买态度受到其前置因素（信任、感知有用性、感知易用性、产品价值）的正向显著影响；知觉行为控制分别受信任、感知易用性、货币资源、信息保护与购买技能的显著影响。Yi 等通过分析手机数据助手系统的特征与形式，以确定影响用户行为意愿影响为目标，引入感知有用性、感知易用性、结果可论证、形象与个人创新性因素，共收集了 224 份有效问卷，运用 LISREL 软件分析得出，知觉行为控制与行为意愿的作用关系验证成立，进一步明确知觉行为控制是中介变量，个人创新与主观规范、知觉行为控制、感知有用性的作用关系成立，主观规范与个人创新、知觉行为控制、感知有用性的关系成立，此外，感知有用性通过知觉行为控制间接影响行为意愿[130]。孙建军等基于计划行为理论，引入了技术接受模型的有用性认知与易用性认知，将其作为行为态度的外部变量，同时提出了自我效能与感知易用性、主观规范的直接作用关系，最终构建计划行为理论的理论模型[121]。该研究认为技术接受模型之所以对用户行为的解释能力较弱，是因为该模型并未引入主观规范变量构建模型。在国内，郭英之以移动支付为研究情境，以哪些因素影响用户移动支付使用意愿为问题切入点，所构建的理论模型由两类影响因素组成，一类是个体移动性，另一类是感知维度的 4 个变量。实证结果是，使用意愿受到个体移动性、使用态度的直接作用，感知易用性对感知有用性的作用成立，而感知风向与感知配合度的假设并不成立[123]。该研究认为个体移动是促进用户使用的因素，属于知觉行为控制的范畴。

　　3）计划行为理论与创新扩散理论整合的研究。Taylor 等在计划行为理论固有模型的前提下，引入创新扩散理论的相对优势、复杂性、兼容性因素，形成特定情境下的拓展模型[125]。之后，Herrero 等两个理论结合，形成一个用户付费意愿影响因素的理论模型，运用 EQS 软件对 998 份有效问卷数据的分析结果：①行为态度的贡献最大，而主观规范的贡献次之；②早期技术创新正向显著影响用户行为态度；③创新性对态度与购买意愿之间起到调节作用[131]。该研究认为，免费可以提高用户使用率，从而提高用户的付费效率。虽然该建议是在用户在线购物付费意愿背景下提出的，但同样适用于知识付费平台用户付费意愿的研究。付费意愿是付费行为的主要决定因素，产品或服务的好坏需要用户不断地体验尝试，若体验较好，用户将形成积极的评价态度进而产生付费意愿；反之则产生消极的付费态度，从而付费意愿强度变弱，不再产生付费行为。此后国内相关研究是，韩煜东等以计划行为理论为基础，辅以创新扩散理论，构建应用商城（App store）用户付费行为影响因素的理论模型，运用 AMOS 对 216 份有效问卷数据的分析结果：①计划行为理论的固有假设全部成立；②相对优势与易用性正向显著影响行为态度；③免费价值观负向显著影响行为意愿；④感知价格负向显著影响行为态度[62]。该研究中引入的免费价值观可理解成免费观或免费意识，从结果上来看国内网络用户免费意识牢固，负向显著影响用户付费意愿，而感知价值仅从货币角度检验与付费态度的显著态度。相类似的研究是，Limayem 等构建的在线购物应用的消费者购买行为影响因素的理论模型，采用两轮问卷回收的纵贯式研究，运用 PLS 软件对 705 份有效问卷数据的分析结果：知觉行为控制、购买意愿正向显著影响购买行为，并且二者对购买行为的贡献作用相同，购买意愿受到 4 个变量的正向显著影响；4 个变量分主观规范、态度、感知结果、个人创新，此外感知理论与行为态度之间存在正向显著相关性[132]。刘遗志等以移动购物为研究对象，提出了哪些因素会影响移动购物的问题，引入消费者创新性到计划行为理论固有模型，构建具有一定创新性的理论模型，通过对 242 份有效问卷数据的分析得出，在验证了计划行为理论固有变量中所有假设全部成立的同时，进一步验证购买意愿的部分中介作用成立，以及消费者创新性与知觉行为控制、态度的作用关系成立[133]。

3.3.2 涉及的影响因素

计划行为理论主要从社会心理学维度研究用户行为的相关问题，该模型共有 5 个固有变量。在大量实证研究的基础上，Ajzen 发现只采用固有变量并不能有效解释与预测行为，有必要引入外生变量，以便更有效预测与解释诸多情境中的用户行为[134]，见表 3.7。Ajzen 通过理论分析，以及对大量实证结论的总结，引入 5 ～ 9 个变量到计划行为理论的固有理论模型中，新模型的解释与预测能力得到改善，引入新变量是采用计划行为理论研究用户行为必不可少的过程[135]。下面从跨接效应作用、调节作用以及整合理论模型等方面梳理了计划行为理论引入各种变量构建拓展模型的相关研究。

表 3.7　行为态度、主观规范、知觉行为控制与行为意愿的前置因素总结

前置因素		参考文献
行为态度	信任、感知有用性、感知易用性、下载延迟、产品价值	Pavlou et al.[61]
	相对优势、感知易用性、感知价格	韩煜东 等[62]
	感知收益、免费意识、感知损失	Lin et al.[68]
	相对优势、复杂性、兼容性	Taylor et al.[125]
	过去经历、过去行为	Cheng et al.[126]
	社会规范、感知有用性、感知娱乐性、感知风险、自我效能	Hsu et al.[128]
	有用性认知、易用性认知、自我效能	孙建军 等[121]
	新技术创新	Herrero et al.[131]
	个人创新	Limayem et al.[132]
	消费者创新	刘遗志 等[133]
	转发活跃度、用户兴趣、微博文本语义与情感相似度	席林娜 等[136]
主观规范	人际影响与外部影响	Lin et al.[68]
	规范的影响	Taylor et al.[125]
	过去经历、过去行为	Cheng et al.[126]
	感知 IT 创新	Yi et al.[130]
	自我效能	孙建军 等[121]
	消费者创新	刘遗志 等[133]
	与上游用户交互度、粉丝量	席林娜 等[136]

续表

前置因素		参考文献
知觉行为控制	信任、感知易用性、下载延迟、时间资源、货币资源、网站可导航性、获取信息的技能、购买技能	Pavlou et al. [61]
	可控性、道德规范的自我效能	Lin et al. [68]
	自我效能、提供便利条件	Taylor et al. [125]
	过去经历、过去行为	Cheng et al. [126]
	感知 IT 创新	Yi et al. [130]
	自我效能	孙建军 等 [121]
	消费者创新	刘遗志 等 [133]
	微博对用户可见与否	席林娜 等 [136]
行为意愿	免费价值观	韩煜东 等 [62]
	自我效能	黄顺铭 [127]
	人际关系规范、社会规范、自我效能、感知可控性	Hsu et al. [128]
	感知有用性、感知易用性、感知信度、感知自我效能、感知财务成本	Luarn et al. [129]
	有用性认知	孙建军 等 [121]
	感知结果、个人创新	Limayem et al. [132]
	学习资源	张宝建 等 [137]
	客观真实性感知、存在真实性感知与满意度	邹波 等 [138]
	信息素养	陶志梅 等 [139]

资料来源: 本书整理。

从表 3.6 可得出,引入新变量构建计划行为理论固有模型的拓展模型,主要分成 3 条路径:一是从付费行为引入新变量;二是借助主观规范引入新变量;三是通过知觉行为控制引入新变量。引入新变量的前提是对特征情境有充分的了解与分析,然后经过对所提出假设的深入分析,从而确定要引入哪些新变量,也就是前面提到的前置因素,表 3.8

是计划行为理论模型内生变量的前置因素。

表 3.8　　计划行为理论模型内生变量的前置因素

内生变量	前置因素
行为态度	自我效能、相对优势、复杂性、兼容性、个人创新、新技术创新、消费者创新、社会规范、感知有用性、感知娱乐性、感知风险、信任、下载延迟、产品价值、感知娱乐性、感知收益、免费意识、感知损失、感知价格、过去经历、过去行为
主观规范	自我效能、规范的影响、感知 IT 创新、人际影响、外部影响、消费者创新、过去经历、过去行为
知觉行为控制	自我效能、提供便利条件、信任、感知易用性、下载延迟、时间资源、货币资源、网站可导航性、获取信息的技能、购买技能、可控性、过去经历、过去行为
行为意愿	自我效能、主观规范、知觉行为控制、态度、感知结果、个人创新、人际关系规范、社会规范、感知可控性、免费价值观、个体移动性

资料来源：本书整理。

3.3.3　文献总结与评论

1. 计划行为理论研究的可能方向

计划行为理论是由 Ajzen 于 1985 年提出的，从前面介绍的有关计划行为理论模型引入的因素来看，计划行为理论主要有以下几个研究方向，见图 3.2。

（1）前置因素的引入。主要从计划行为理论固有因素中的 3 个因素入手：其一，行为态度的前置因素，包括有用性认知、易用性认知与自我效能[121] 等；其二，主观规范的前置因素，包括人际影响与外部影响[69]、规范的影响[125] 等；其三，知觉行为控制的前置因素，包括下载延迟、时间资源、货币资源等。

（2）计划行为理论模型中固有变量被替换也是一个研究方向。被替换的变量主要是行为意愿的 3 个前置因素。例如，行为态度可由满意度替换。又如，主观规范可由人际影响与外部影响替换，再如，知觉行为控制可由自我效能或控制力替换等。

（3）引入新的变量影响行为意愿或行为。一方面，在行为态度、主观规范、知觉行为控制的基础上，引入新的变量共同解释与预测行为意愿。例如，Yi 引入感知有用性与其他变量均正向显著影响行为意愿[130]。另一方面，在知觉行为控制与行为意愿的基础上，引入新的变量共同解释与预测行为，然而这方面的研究相对较少。

（4）控制变量的引入也是一个较为常见的研究方向。控制变量的因素较多，较为重要的一类是人口统计学特征的相关变量，其中性别与年龄变量使用较为普遍，再有收入、教育也较常采用，此外，在有些特定研究情境中也会引入习惯、经验性。

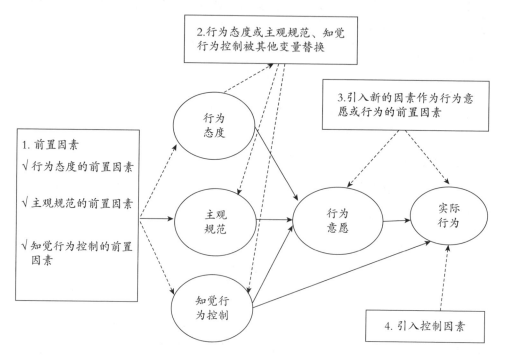

图 3.2　基于计划行为理论可拓展的研究方向

2. 计划行为理论的适用性

计划行为理论着重研究初始行为相关问题。计划行为理论、技术接受理论及其拓展理论多是理性行为理论的拓展。理性行为理论着重研究初始行为相关问题，这些理论也聚焦于初始行为的研究。在本书中，用户为知识付费会经历初次付费。因此，采用计划行为理论模型有助于更好地找到初次知识付费影响因素。

3. 计划行为理论研究结论的总结

（1）在计划行为理论中，行为意愿是预测行为最主要的变量；行为态度、主观规范与知觉行为控制与行为意愿的关系显著。但知觉行为控制在行为意愿与行为之间的关系仍不清楚，有待进一步通过更多不同情境进行检验。

（2）以计划行为理论为基础的相关研究发现了多个不同影响行为态度、主观规范与知觉行为控制的因素。前置因素多来自感知价值范畴，包括感知有用性、感知娱乐性、感知风险、感知损失与感知收益等。研究结果的相似性较大，仍有进一步拓展的方向，尤其在新情境下的拓展研究。

3.4 与持续理论相关的研究

持续理论（ECM-ISC）是由期望确认理论发展而来，期望确认理论用于研究重复购买行为。在期望确认理论的基础上增加感知有用性变量，构成的拓展模型就是持续理论。持续理论主要用于研究持续行为，采用该理论进行的研究非常广泛，笔者从国内外两个方面梳理和总结运用持续理论进的研究成果，见表 3.9。

表 3.9　持续理论模型的相关研究总结

参考文献	研究情境	理　　论	自变量
Limayem et al.[140]	网站	持续理论	持续理论的固有变量、习惯

续表

参考文献	研究情境	理 论	自变量
Bhatta-cherjee[23]	服务应用系统	持续理论、期望确认理论	持续理论的固有变量、自我效能、促进条件
Doong et al.[141]	网络谈判系统	期望确认理论	感知有用性、满意度、正的不确认
Limayem et al.[142]	学习平台	持续理论、期望确认理论	持续理论的固有变量、持续使用行为、习惯、之前行为
Kim[143]	移动服务系统	持续理论、计划行为理论	持续理论的固有变量、感知娱乐性、感知费用、社会规范、知觉行为控制
Kim[144]	SNS 平台	持续理论	持续理论的固有变量、感知娱乐性、人际影响
Lee et al.[145]	网站服务系统	持续理论	持续理论的固有变量、亲密、熟悉
Chang et al.[146]	SNS 平台	社会资本理论 持续理论	感知桥接社会资本、期望确认与流体验
Bhattacherjee et al.[134]	信息技术系统	持续理论	持续理论的固有变量、习惯、主观规范
Hsiao et al.[147]	服务类 App	计划行为理论	满意度、习惯、感知有用性、感知娱乐性、社会关系
Yoon et al.[148]	SNS 平台	持续理论、计划行为理论	持续理论的固有变量、主观规范、感知娱乐性
陈明红 等[149]	移动图书馆	持续理论	持续理论的固有变量、服务质量、相对优势、习惯
钱瑛[150]	在线教育平台	持续理论、期望确认理论	持续理论的固有变量、内容质量、感知兴趣、感知互动、学习定位认知

续表

参考文献	研究情境	理　论	自变量
杨根福[151]	MOOC 平台	持续理论、自我决定理论	持续理论的固有变量、内在动机、心理需求因素（感知自主性、感知能力与感知关系型）、设计因素（内容质量、自主性与社交化互动）
杨根福[152]	移动阅读 App	持续理论、信息系统成功模型	持续理论的固有变量、感知娱乐性、服务质量、界面质量、内容质量
李武 等[153]	社会化阅读 App	持续理论、期望确认理论	持续理论的固有变量、主观规范、社交有用性
赵宇翔[154]	SNS 平台	持续理论、计划行为理论、技术接受模型	持续理论的固有变量、感知娱乐性、感知隐私风险、主观规范
王卫 等[155]	MOOC 平台	期望确认理论、心流体验理论	积极态度、过程满意度、结果满意度、心流体验
赵文军 等[156]	社交问答平台	持续理论、信息系统成功模型	满意度、感知有用性、信息价值、社会价值、情感价值
王哲[157]	问答社区	持续理论、期望确认理论	持续理论的固有变量、习惯、感知易用性、感知娱乐性、感知信任
Kaba[158]	电子政务系统	持续理论、理性行为理论、计划行为理论	知觉行为控制、主观规范、满意度
Bae[159]	SNS 平台	使用与满足理论	满意度、社会化、社会支持、信息、娱乐性、逃避主义
Gan et al.[160]	微信平台	使用满足理论	享乐满足（感知娱乐性）、实用满足（信息分享）、技术满足（媒体吸引力）

续表

参考文献	研究情境	理 论	自变量
Margaret et al.[161]	电子化服务系统	情感事件理论	—
郑美玉[162]	移动图书馆	S–O–R（刺激—机体—反应）框架理论	持续理论的固有变量、系统质量、服务水平、使用成本
李琪 等[163]	移动应用	持续理论、信息系统成功理论	持续理论的固有变量、服务质量、系统质量
张继东 等[164]	移动社交	价值采用模型、技术接受模型、信息系统成功模型	感知娱乐性、感知有用性、感知易用性、系统质量、信息质量、社会认可、个人创新、感知转换成本、感知信任、知识获取、感知风险
孟猛 等[165]	移动社交媒体	持续理论、自我决定理论	持续理论的固有变量、习惯、自我效能、内在动机及前置因素（感知自主性、感知关系性与感知胜任性）
甘春梅 等[166]	社会化问答社区	持续理论、使用与满足理论	持续理论的固有变量、娱乐需求、信息需求
刘毅 等[167]	移动新闻 App	技术接受模型与期望确认理论	持续理论的固有变量、营销感知度与感知易用性
郭财强 等[168]	移动图书馆	信息系统成功模型、持续模型与任务—技术匹配模型	持续理论的固有变量、任务—技术匹配度、感知有用性、系统质量、信息质量和服务质量
童清艳 等[169]	李子柒系列短视频	持续使用理论、感知价值理论	感知情感价值、感知审美价值、短期满意度与长期情感承诺
黄炜 等[170]	Bilibili 平台	S–O–R 理论	信息关注、满意度、效果感受、情感认同和沉浸体验

资料来源：本书整理。持续理论的固有变量包括期望确认、满意度与感知有用性。

3.4.1 国内外相关研究

1. 国外相关研究

持续理论是由 Bhattacherjee 教授于 2001 年给出的用于研究持续行为的理论模型。总的来说，持续理论在实证研究中经历了 3 个阶段：前期、中期与中后期。

（1）前期。Bhattacherjee 教授分析期望确认理论各个变量的特点与一般性时，认为满意度、期望确认与用户持续使用相关，但还不足以解释与预测用户持续使用意愿，与此同时，他认为感知有用性与持续使用之间可能存在相关性，基于这些假设，经定量实证分析验证了假设关系成立，持续理论模型得到了验证。该模型中各个变量的关系及其定义都将在后文详细阐述[124]。随后，Premkumar 与 Bhattacherjee 陆续发表与持续使用相关的文章[134, 171-173]，有代表性的文章是 Premkumar 基于期望确认理论与持续理论模型，以文档管理系统为研究情境构建模型，运用 PLS 软件对 87 份有效问卷数据进行检验，结果是该模型引入计划行为理论模型的知觉行为控制的两个维度因素——自我效能与便利条件对持续使用意愿与持续使用行为检验假设成立，此外，自我效能对持续使用意愿的调节作用成立，即较高的自我效能的使用者的持续使用意愿更强，而较低的自我效能的使用者的持续使用意愿较弱。与持续理论模型不同的是，该模型中满意度的前置因素并未受感知有用性的直接影响，不过满意度的解释度变化仅为 5%，说明感知有用性并非满意度的主要影响因素[173]。在此之前，也有一些相关学术成果，如 Thong 等将持续理论与整合技术接受理论相结合，来研究个人信息技术采用的影响因素这一永久问题，运用 LISREL 软件对 373 份有效问卷数据进行分析[174]，结果是满意度正向显著影响持续使用意愿。从结果来看，直接影响持续使用意愿的变量中满意度的贡献最大，同时直接影响满意度的变量中确认的贡献最大，同时感知易用对持续使用的贡献要大于感知有用性与感知娱乐性[167]，该结果与 Davis 等的研究结果[122] 不一致。Doong 等以期望确认理论为基础，对影响用户信息谈判系统的因素构建理论模型，运用 LISREL 软件 170 份有效问卷的分析发现，持续使用意愿受到多个变量直接显著影响，其中满意度要比感知有用性对持续使用意愿的贡献大，同时满意度通过感知有用性间接影响持续使用意愿，期望确认、增加确认分别与持续使用意愿显著关系成立[141]；人情经验、相关知识的欠缺与持续使用意愿的作用关系得到支持。

（2）中期。在 Bhattacherjee 等研究持续使用问题有一定学术与实践积累后，Limayem 才引入调节变量到持续模型。Limayem 等分析了用户使用网站的特征与一般性，以确定影响持续行为的因素为目标，共收集了 227 份有效问卷，运用 PLS 软件分析得出，习惯在行为意愿与行为之间起到调节作用[140]。之后，Limayem 等在持续理论与期望理论综合视角下，针对在线学习情境构建持续使用模型，运用 PLS 软件对 313 份有效问卷的数据进行分析得出，习惯与过去行为同时影响持续使用行为，习惯的程度越高，预测持续使用行为的强度越弱[142]，换言之，行为意愿并非预测行为的唯一决定因素。Bhattacherjee 等在持续理论模型的基础上，引入主观规范、习惯两个变量构建拓展的持续理论模型，对 514 份有效问卷数据进行分析得出，习惯的负向调节作用成立，习惯、满意度与持续使用行为正相关，同时满意度经由意愿间接影响行为[134]。该理论模型并未引入情感类因素，不过模型中的满意度可减弱由此带来的负向影响。

（3）中后期。众多学者基于前期研究成果，以单一理论或多理论相结合为基础，不断引入新的变量到持续理论模型，构建适合特定情境的理论模型，大大丰富了对持续使用行为解释的深度与广度。

下面介绍整合若干理论的相关研究。Kim 基于持续理论与计划行为理论，构建移动数据服务影响因素的拓展模型，运用 LISREL 软件对 207 份有效问卷数据进行分析得出，计划行为理论中主观规范、知觉行为控制与行为意愿的作用关系成立，同时持续理论模型中的满意

度与行为意愿的关系也成立，确认与满意度的关系得到实证支持，但
感知娱乐行为、感知有用性与满意度的关系并未通过实证检验[143]。绝
大部分与持续使用相关的文章很少引入主观规范与知觉行为控制变量，
而该研究探讨了这两个变量与持续使用意愿关系的研究，并确认存在
一定的相关性。Chang 等在持续理论的基础上，进一步整合了社会资
本与期望确认理论，并引入流体体验，以 SNS 网站用户为研究对象，
运用 PLS 软件对 488 份有效问卷进行数据分析得出，持续理论模型固
有变量之间的关系成立，流体体验与满意度对持续使用意愿的作用成
立[146]。Hsiao 等以计划行为理论和持续理论为基础，以社交类 App 为
研究情境，对 238 份有效问卷数据进行分析得出，用户持续使用社交
应用类 App 的意愿与满意度、社会关系同时相关，其中满意度的贡献
更大，这表明用户是否持续使用 App，个人满意度很重要，同时也受
到用户周围群体的影响[147]。Kaba 基于理性行为理论、计划行为理论
与持续理论，构建理论模型，其变量包括知觉行为控制及其前置因素
（自我效能、感知易用性、可用性），主观规范及其前置因素（熟悉的
朋友与家人、政府因素），用户满意度及其前置因素（有用性、愉悦）；
运用 PLS 软件对 511 份有效问卷数据进行分析得出比较重要的结论是，
熟悉的家人与亲戚、政府影响均正向显著影响主观规范，有待进一步
系统研究随时间变化时，各变量之间关系的情况[158]。Yoon 等基于持
续理论与计划行为理论，充分研究了用户使用 SNS 平台的特征，引入
主观规范与感知娱乐性变量，构建持续行为理论模型，共收集了 150
份有效问卷，运用 LISREL 软件分析得出，主观规范对持续使用意愿
作用的贡献较大，表明周围个人或社会的影响不应忽略，要结合具体
情境适当引入特定情境变量，提供对因变量的预测与解释能力[148]。刘
毅等针对移动新闻类 App 的特点，以明确影响持续使用意愿因素为目
标，将技术接受模型与期望模型整合成一个理论模型，经实证分析得出，
新引入的营销感知度与感知有用性的作用关系成立[167]。

　　基于单一理论的相关研究。现有研究主要以持续理论模型为主，其

他理论模型为辅。Kim 针对 SNS 情境，以持续理论为基础引入感知娱乐性、人际影响、媒体影响构建理论模型，运用 LISREL 软件对 292 份有效问卷数据进行检验，分析得出用户对 SNS 平台有用性的感知有助于提升继续使用的意愿，在此基础上引入的感知娱乐性、人际影响有助于提升对持续使用意愿的解释与预测能力，但媒体影响作用相对较弱。由此可见，周围人使用 SNS 会增加个人持续使用 SNS 的机会[144]。同时，Lee 等针对网站服务系统情境，在持续理论模型的基础上引入熟悉与亲密 2 个变量构建模型，运用 AMOS 软件对 420 份有效问卷数据检验进行分析得出，持续理论模型中满意度、感知有用性与持续使用意愿的关系成立，期望确认正向显著影响熟悉、亲密，熟悉正向显著影响亲密，熟悉与亲密两个变量的引入有助于提升持续使用意愿的解释度与预测能力[145]。Chen 等针对用户对手机数据服务平台行为，从持续理论视角出发，引入技术准备及其 4 个维度的变量（乐观、创新、不适、不安全），对 268 份有效问卷数据实证分析得出，增加技术准备变量后模型对持续使用意愿的解释度从 41% 提高到 63%[175]。陈明红等以移动图书馆为研究情境，运用最小二乘法对 276 份有效问卷数据进行实证分析得出，Limayem 等提出的习惯作为调节变量的结论不成立[140]，而习惯在相对优势与持续使用意愿之间的调节作用显著[149]。Bae 结合持续理论、使用与满足理论综合视角，运用 AMOS 软件对 265 份有效问卷数据进行分析，对构建的理论模型进行实证分析得出，未考虑习惯作用时，社会化、社会支持、感知娱乐性与满意度的关系得到验证；从习惯的调节作用来看：习惯程度低时，社会化、方便、社会支持、信息、娱乐性、逃避主义均正向显著影响满意度，而满意度正向显著影响持续使用意愿（R^2=33%）；习惯程度升高时，社会化、社会支持、信息均正向显著影响满意度，满意度正向显著影响持续使用意愿（R^2=22%）[159]。在该研究中，社会化、社会支持正向显著影响用户的满意度，说明 SNS 用户在与朋友、家人或其他志同道合的人交流所遇到的问题时，这些人会提出相关建议，使用户自己感觉更满足，进而对持续使用意愿产生积极影响。Gan 等通过使用与满足理论，从享乐满足、社交满足、实用满足与技术满足 4 个方面引入情境变量构建模型，其中享乐满足分为感知娱乐性、通行时间，社交满足分成社交互动、社交临场感，实用满足包含自我表现、信息文档、信息分享，技术满足是指媒体吸引力，共收集了 297 份有效问卷，运用 PLS 软件分析得出，感知娱乐性、信息分享、媒体吸引力沟通正向显著影响持续使用意愿[160]。在该研究中，社交满足与持续使用意愿的关系不显著，因为社交互动与社交临场感强调互动、交流，也并未形成社会压力从而影响用户行为。Tian 等的综合持续理论与整合技术接受理论，通过问卷调查，共收集 926 份，线下收集 527 份，使用结构方程模型进行数据分析，结果表明：确认显著影响满意度、绩效预期和努力预期。同时，确认和绩效预期共同显著影响满意度。此外，努力期望、绩效期望、社会影响和便利条件显著影响持续意愿[176]。

2. 国内相关研究

国外有关信息系统用户持续使用行为的研究起步较早，国内是从 2008 年之后才陆续增多的，其中杨小峰等的有关用户持续使用政府门户网站的研究较有代表性[177]。之后，在 2011 年，持续使用行为的研究爆发式增长，这主要是受到互联网、移动通信技术快速发展的积极影响，一系列有关在线教育、社会化阅读等社会化信息系统的学术成果众多。

（1）在线教育情境下的相关研究。钱瑛以期望确认理论与持续理论为基础构建拓展模型，运用 AMOS 软件工具对 187 份有效问卷数据进行分析，结果显示感知兴趣、感知互动、感知使用、期望确认正向显著影响满意度；满意度、学情定位认识均正向显著影响持续使用意愿[150]。杨根福针对开放在线课程情境自身特征，综合持续理论与自我决定理论构建理论模型，共收集了 188 份有效问卷，运用 PLS 软件分析，使感知能力、感知自主性、内容质量共同影响期望的假设得到支持，该结论对增进理解期望确认变量是一次补充，同时内在动机对持续使用意愿的正向调解作用成立，内在动机受到感知能力与期望确认的共同影响[151]，内在动机正向显著影响行为意愿。王卫等基于期望确认理论与心流体验理论，构建 MOOC 平台用户持续使用意愿影响因素的理论模型，共收集了 204 份有效文件，采用 PLS 软件分析，验证了过程满意度与结果满意度两个变量与行为态度的显著关系[155]。

（2）社会化阅读 App 与移动图书馆情境下的相关研究。杨根福结合移动 App 的特征，以明确影响持续意愿的影响因素为目标，旨在拓展持续理论研究成果，综合持续模型与信息成功模型，所构建概念的变量主要来自 3 方面，一是与质量相关的变量，包括内容质量、界面质量、服务质量，二是感知价值的感知费用、感知娱乐性，三是持续模型的固有变量。本次共收集了 353 份有效问卷，经 SPSS 软件对结构方程模型的分析得出，持续模型固有变量的作用关系均成立，在此基础上，感知娱乐性与持续意愿的作 用关系成立，而感知费用与持续意愿的关系不显著，此外，质量相关的 3 个变量与满意度的作用关系均验证成立[152]。李武等同样整合社会阅读 App 的一般特征，结合期望确认理论与持续理论，引入多个情境变量试图进一步拓展持续理论研究的边界，共收集了 506 份有效问卷，运用 AMOS 软件对构建的理论模型进行分析得出，持续使用意愿受到阅读有用性认知、期望确认程度、主观规范、满意度的显著影响，其中主观规范的贡献最大，说明用户持续使用意愿受到人际影响或外部影响的作用[153]，但并未引入其他主观规范的前置因素，从而无法判断具体哪些对自己重要的他人的影响更大，因此，无法切实通过此结果给出具体的实践指导建议。赵文军等通过分析移动阅读类 App 的特点，综合运用持续理论、S-O-R 范式，构建的理论模型引入的变量包括 3 方面，一是持续理论的固有变量，二是与质量相关的信息交互质量、人际交互质量、系统交互质量，三是情感依恋。本次共收集了 197 份有效问卷，运用 AMOS 软件对问卷数据进行分析得到，持续理论模型固有变量之间的作用关系均成立，此外，情感依恋与感知有用性、满意度与持续使用意愿的作用关系成立，信息交互质量分别持续理论模型固有变量的感知有用性与满意度的作用关系成立，同时显著影响情感意愿[156]。郑美玉基于 S–O–R 范式，构建手机图书馆用户持续使用意愿影响因素的理论模型，运用 AMOS 软件对 236 份有效问卷数据进行分析，从结果来看，需求匹配直接显著影响持续使用意愿的结论，拓宽了持续理论研究的视野，同时系统质量、服务水平与使用成本均需求匹配度的作用关系被验证[162]。这里的系统质量涉及平台、内容与性能方面的质量。例如，用户端美观程度及其是否容易操作都会影响用户的使用，不同的是，李琪等认为系统质量与持续使用意愿直接相关，而系统内对用户质疑的问题的反馈是否及时体现了服务水平的高低[163]。刘毅等在移动新闻类 App 持续使用意向的研究中，进一步明确了持续理论固有模型中各个变量之间的作用关系[167]。郭财强等持续 3 个月与 194 名移动图书馆用户保持联系，获取 3 个时间点的用户使用情况，综合运用信息系统普遍使用的理论模型，经实证得出，持续使用意愿主要受两类因素的作用，一类来自持续理论模型的感知有用性与满意度；另一类是与质量相关的系统质量、信息质量和服务质量 3 个因素，其中满意度的贡献最大，而服务质量的贡献要比另外两个变量的贡献都大[168]。

（3）网络社交情境下的相关研究。赵宇翔通过分析 SNS 平台的独特性与一般性，从提升持续模型预测与解释能力出发，引入多个情境变量共同构建了一个综合持续理论与计划行为理论的理论模型，共收集了 315 份有效问卷，运用 AMOS 软件进行分析得出，感知娱乐性、感知隐私共同影响持续使用意愿的作用关系成立，其中感知隐私起到负向影响作用，感知娱乐性与满意度的作用关系的成立，表明感知娱乐性同时影响多个变量[154]。主观规范正向显著影响持续使用意愿，该结果意味着使用者受家人、朋友、仰慕或崇拜的政治家、大众媒体的宣传影响较大[154]，然而，并未进一步谈到影响主观规范的因素。之前有研究讨论过人际影响、外部影响两个变量与主观规范的作用关系，但需要更多不同情境下的验证。王哲以期望确认理论与持续理论为基础，构建知乎用户的持续使用行为影响因素理论模型，运用 AMOS 与 SPSS 软件对 218 份有效问卷数据进行分析，结果显示：持续使用意向、习惯一起正向显著影响持续使用行为，并且习惯在持续使用意愿与持续使用行为之间起负向调节作用，同时明确行为不仅与意愿相关，也与习惯存在直接相关性[157]。Bhattacherjee 等认为感知有用性、主观规范等理性行为因素，对持续使用行为有较好的解释与预测作用，而对于第一次使用时，知觉行为控制、感知易用性对行为意愿或行为有显著作用[134]。张继东等为进一步丰富持续理论使用情境，确定影响持续意愿的因素，以移动社交网络信息服务平台为情境，综合信息系统领域的技术接受模型、价值采用模型与信息系统成功模型，经实证分析得出，预测与解释持续意愿的变量有感知价值、质量、社会认可和个人创新[164]。该理论模型参考并采用多个理论模型的变量而来，能够解释与预测特定情境下用户付费意愿。孟猛等以移动社交平台为情境，在持续理论的基础上，引入自我决定理论构建理论模型，共收集了有效问卷 234 份，运用 PLS 软件进行分析得出，和王哲一样的研究结果，证实了持续模型固有变量之间的作用关系均成立[165]。该研究验证了习惯的负向调节作用与直接作用，同时满意度与习惯的正向关系，内在动机的 3 个前置因素（感知自主性、感知关系型与感知胜任性）均与持续使用意愿、满意度的作用关系验证成立，该结论与杨根福的研究结果[151]相反。

（4）在线问答咨询与移动团购情境下的相关研究。甘春梅等结合社会化问答应用中社区平台的特点与一般性，将情境变量与持续理论、使用与满足理论模型相结合，共收集了 547 份有效问卷，运用 PLS 软件进行分析得出，持续理论模型中固有变量之间的关系验证均成立，此外，从需求方面的娱乐需求与信息需求共同预测与解释持续使用意愿[166]。该研究是以验证前人结论为主，部分结论与之前并不一致，可以引起其他学者的关注。李琪等基于移动社区团购情境，结合信息系统领域的持续理论与信息系统成功理论，共收集了 472 份有效问卷，运用

PLS 软件进行分析得出,持续理论模型中变量的固有关系均成立,此外,与质量有关的服务质量与系统质量的作用差异较大,其中,服务质量与满意度的关系得到验证,同时系统质量对持续意愿的作用成立[163]。

（5）短视频平台情景下的相关研究。童清艳等选择李子柒系列短视频研究结合用户短期的满意度和长期的情感承诺,基于持续使用理论、感知价值理论,分析不同维度的感知价值对用户不同程度的认知影响,从而研究其对持续使用短视频的影响,并深入分析不同感知价值的作用,通过研究发现,感知情感价值和感知审美价值积极影响用户持续使用意愿;短期满意度和长期情感承诺影响用户持续使用意愿;具有同样生活经历的用户更容易受到感知价值的影响从而影响持续使用的意愿[169]。此外,黄炜等基于 ECM–ISC 及 S–O–R 范式构建 Vlog 用户的持续使用行为概念模型,结合 HMM（Hidden Markov Model,隐马尔可夫模型）方法探索不同影响因素对不同情况 Vlog 的差异,得出结果是,用户的信息关注和对视频的满意度会直接影响其 Vlog 使用决策。用户对视频整体体现的效果感受会直接影响用户持续使用行为的判断。由于不同视频类型的差异,不同用户的情感认同和沉浸体验有明显差异[170]。

3.4.2　涉及的影响因素

持续理论的相关研究受到学者们广泛关注,研究成果多以持续理论为基础,该理论适用于 SNS、问答社区、社会化阅读等情境。目前,持续理论模型中的固有变量之间的关系得到学术界普遍认可。前面介绍过,持续理论的研究方向之一是引入了更多有价值的变量,有助于更深入与全面解释真实情境的用户持续行为。尤其,感知有用性的前置因素、满意度的前置因素与使用意愿的前置因素的引入更是如此,3个变量的前置因素整理见表 3.10。

表 3.10 感知有用性、满意度与持续使用意愿的前置因素

前置因素		参考文献	整合理论
感知有用性	感知易用性	Thong et al.[174]	技术接受模型
	技术准备	Chen et al.[175]	—
	感知互动	钱瑛[150]	—
	主观规范	Yoon et al.[148]	—
	内容质量、社交化互动、感知自主性与感知能力	杨根福[151]	自我决定理论
	情感依恋	赵文军 等[156]	—
	信息交互质量	赵文军 等[156]	信息系统成功模型
满意度	感知易用性	Thong et al.[174]、王哲[157]	技术接受模型
	感知娱乐性	Thong et al.[174]、Kim[144]、杨根福[152]、Hsiao et al.[147]、赵宇翔[154]、王哲[157]、Yoon et al.[148]	—
	感知费用	Kim[143]	—
	技术准备	Chen[175]	—
	感知兴趣	钱瑛[150]	—
	感知互动	钱瑛[150]	—
	内在动机	杨根福[151]	自我决定理论
	服务质量	杨根福[152]、李琪 等[163]	信息系统成功模型
满意度	界面质量、内容质量	杨根福[152]	信息系统成功模型
	感知信任	王哲[157]	—
	信息交互质量、系统交互质量、信息关注、情感依恋	赵文军 等[156]；黄炜 等[170]	信息系统成功模型
	心流体验	王卫 等[155]	心流体验理论

续表

前置因素		参考文献	整合理论
期望确认	技术准备	Chen[175]	—
	内容质量、社交化互动、感知能力与感知关系	杨根福[151]	自我决定理论
持续使用意愿	感知易用性	Thong et al.[174]、王哲[157]	技术接受模型
	自我效能	Bhattacherjee et al.[23]；孟猛 等[165]	计划行为理论
	主观规范	Kim[143]、Kim[144]、钱瑛 等[150]、Bhattacherjee et al.[134]、李武 等[153]、Yoon et al.[148]	计划行为理论
	知觉行为控制	Kim[143]	计划行为理论
	感知费用	Kim[143]	—
	熟悉、亲密	Lee et al.[145]	—
	技术准备	Chen et al.[175]	—
	学情定位认识	钱瑛[150]	—
	感知隐私风险	赵宇翔[154]	—
	习惯、社会关系	Hsiao et al.[147]	—
	感知娱乐性、感知信任	王哲[157]	—
	情感依恋	赵文军 等[156]	—
	积极的态度	王卫 等[155]	—
	信息满足、娱乐满足	甘春梅 等[166]	使用与满足理论
持续使用意愿	系统质量、服务质量	李琪 等[163]	信息系统成功模型
	内在动机	杨根福[151]、孟猛 等[165]	自我决定理论
持续使用行为	习惯	Limayem et al.[140]、Limayem et al.[142]、Bhattacherjee et al.[134]、王哲[157]	—
	促成条件	Bhattacherjee et al.[23]、孟猛 等[165]	—
	满意度	Bhattacherjee et al.[134]、黄炜 等[170]	—
	感知娱乐性	Yoon et al.[148]	—

资料来源：本书整理。

3.4.3　文献总结与评论

1. 持续理论研究的可能方向

持续理论自从 2001 年被提出以来，一直是研究用户持续行为经常使用的理论，从现有研究来看，今后可能的研究方向主要有 4 个，见图 3.3。

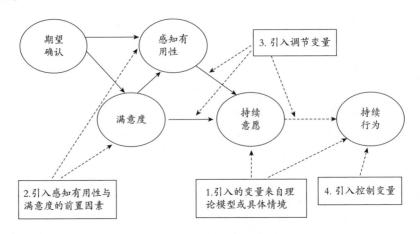

图 3.3　基于持续理论模型可拓展的研究方向

（1）从多个方面引入影响持续使用意愿的变量：其一，引入典型理论模型的因素。引自理性行为理论的主观规范、计划行为理论的主观规范期望确认理论的绩效、技术接受模型的感知易用性，以及创新扩散理论的相对优势、形象或复杂性等变量；其二，引入具体情境下的因素。例如，网络服务背景下的熟悉、亲密等情感类因素均正向显著持续使用意愿，提升了新构建模型对持续意愿的解释程度[155]。

（2）引入满意度与感知有用性的前置因素。这些因素来自诸多理论模型的变量，或者特定情境的变量。

（3）引入调节变量。第一，在意愿与行为之间引入的调节变量。在 Limayem 等的持续理论固有模型的基础上增加习惯与持续行为两个变量，实证结果是，引入习惯起负向调节作用[140]；第二，感知有用性或满意度与持续使用意愿的调节变量[117, 149]。

（4）引入控制变量。作为控制变量，年龄、性别、收入与文化等人口统计学特征增加了模型被解释程度[122]。

2. 持续理论的适用性

持续理论是仅有的专门用于研究用户持续行为的理论模型。为了弄清哪些因素影响用户持续行为，人们在期望确认理论的基础上，增加了感知有用性变量，与满意度一同解释持续行为，开创性地提出了持续理论。如今，持续理论仍然是专注于解决用户持续行为的主要理论。虽然已有一些新的理论模型研究持续行为相关问题，但都是在持续理论的基础上进一步拓展。持续理论有助于得到持续知识付费影响因素。

3. 持续理论研究的主要结论

（1）感知有用性、满意度与行为意愿的关系，是学者们长期研究的热点，它们之间显著相关的结论已达成共识。然而，感知有用性与满意度对行为意愿的作用强弱并不稳定，有些研究得出，感知有用性的作用强于满意度；有些研究却得出相反结果；还有些研究得出，感知有用性或满意度的作用较弱；更有研究直接得出并无相关作用的结论。因此，探明感知有用性、满意度分别与行为意愿的关系，是未来研究的重要方向。

（2）以持续理论为基础理论进行研究的结果得到学者普遍认可，从所发表期刊的级别，到在期刊中发表文章的数量，都已证明该理论的普遍适用性和有效性。持续理论仍以信息系统用户行为为主要研究问题，与其共同使用的理论也主要来源信息系统领域。虽然如此，仍有一些与社会心理学领域的理论整合、构建理论模型，进一步拓展了研究方向。在新的情境下，不断优化已有的理论模型，同时结合其他理论能够更有效地解决用户行为相关问题。

3.5 小结

通过对近年来国内外知识付费文献的梳理，分析了在线支付平台的影响因素及当前学者采用计划行为理论和持续理论开展相关研究的情况。通过对近年来国内外计划行为理论与持续理论文献的梳理，进一步明确了知识付费影响因素研究现状，发现学者们虽然运用定性与定量方法，得出了很多知识付费影响因素，也弄清了计划行为理论、持续理论侧重研究的方向和以他们的研究成果为基础的拓展理论模型所涉及的影响因素，同时发现了学者们采用计划行为理论集中地用来研究初始行为相关问题，而持续理论侧重研究持续行为相关问题；计划行为理论与持续理论模型可研究的方向都较多，涉及前置因素的增加、调节变量的引入等。但是通过研究发现，有关初次知识付费与持续知识付费影响因素的研究并不是很全面和系统，导致研究结论也不全面，所以为了更准确、全面得到知识付费影响因素，本书主要围绕初次知识付费与持续知识付费影响因素进行研究。接下来，先要分析采用计划行为理论与持续理论研究知识付费影响因素的必然性。

第4章　知识付费的阶段划分及相关理论

4.1　知识付费的阶段划分分析

4.1.1　关于知识付费的阶段划分

当前明确划分付费行为不同阶段的论文很少，但基于持续理论和期望确认理论等理论的购买行为的理论是比较多的，其实，若综合考虑付费过程，则不管是研究付费理论还是购买理论，都有付费的过程和行为，所以在研究知识付费的阶段划分时，可以参考目前已有研究中关于购买行为过程划分的方法，将其作为划分依据。

通过对以往研究进行分析发现，当前研究成果对购买行为过程划分主要分为5种，分别是二阶段论、三阶段论、四阶段论、五阶段论、七阶段论。

以 Haubl 与 Trifts 为代表提出的两阶段论中，第一个阶段是明确需求、浏览产品、备选方案及评价，第二个阶段是确定购买[178]，明确分析了购买行为的产生过程。

在此基础上，Venkatesan 与 Nicosia 等提出了尼科西亚模型，将消费者购买决策行为分为4个阶段，分别为形成对产品的态度、形成购买动机和意愿、购买行为、重复购买行为[179]。这种阶段划分的方法，将初次购买行为的产生过程进行了进一步细化，充分考虑了态度、意愿和行为的产生过程，而第四个阶段则是重复购买意愿和产生的阶段。

Engel 等结合恩格尔模型提出了购买决策模型，最终将用户的购买决策行为分成 5 个依次递进的阶段 [180]，分别是最初的消费者确定需求，相关产品信息的收集，依据自身既往经验建立评估标准，形成备选方案，根据个人兴趣、偏好确定产品并购买。该模型更多关注的是初次购买意愿与行为产生的过程，对购买之后结果和反馈，以及重复购买的过程并未提及。

Zhu 与 Zhang 在以往学者研究的基础上，通过对互联网产生用户行为进行分析，提出了购买行为产生的 7 个阶段，主要是提出明确需求、访问相关产品网站、购买前互动、购买、购买后互动、产品 / 服务使用、购买使用后的评价。前 4 个阶段是初次购买意愿与购买行为，后面 3 个阶段涉及重复购买意愿及重复购买行为 [181]。

从以上不同学者对用户付费行为或购买行为的产生过程可以看出，有的学者研究的是购买行为产生的过程，有的学者在购买行为产生过程中之后，对其再次购买行为进行了深入分析。从消费理念和消费态度的角度来看，一种产品能否得到较好的销量，用户购买行为的多少在其中有重要的影响作用。结合本书研究知识付费的背景、目的和意义，若要了解知识付费的发展趋势、中国在线教育的发展方向，或者中国在线知识平台的发展方向，不仅仅要了解用户对于知识的购买行为，更重要的是重复购买行为，因为重复购买或多次购买会成为在线支付知识平台发展和具有竞争力非常重要的基础。另外，通过对以上阶段进行分析发现，多阶段的过程和内容较多且复杂，考虑本书的研究重点——知识付费的影响因素，所以本书将知识付费分为两个阶段：初次知识付费和持续知识付费。后文也将围绕这两个概念展开。

4.1.2 初次知识付费及持续知识付费的界定

随着互联网的蓬勃发展，网络信息急剧增长，个人对快速获取优质信息的需求日益增强。于是，出现了许多提供专业优质内容的在线知识平台。这些平台长期以来都是以免费形式向个人提供优质内容，使得平台难以维持现状，更无法发展壮大，于是大部分平台开始采取付费方式运营，并想尽办法争取更多用户。获得一个新用户通常要比留住一个老用户需要的营销资源更多，获得新用户是为提高企业收益做准备，而留住老用户能切实获得营收上的增加。知识付费平台争取一个新用户需要比线下平台投入更多的成本。因此，研究初次知识付费和持续知识付费对于在线知识平台和在线知识教育等都具有重大意义。

通过以往研究发现，直接研究初次知识付费与持续知识付费的文献还没有，与之相类似的研究主要集中在购买（初次购买）与重复购买、初次使用与持续使用。本书将在分析购买与重复购买相关概念或内涵的基础上，进一步明确初次知识付费和持续知识付费的内涵。

通过分析发现，购买（初次购买）意愿是消费者购买商品或服务的倾向；重复购买意愿是消费者在经过初次购买后，会选择再次购买的意愿。倪红耀将重复购买定义为用户基于以往的购买经历体会到的高价值而做出在同平台再次购买的行为，而购买是指用户仅购买一次[182]。卢琦蓓认为购买行为是用户第一次购买，重复购买是消费者行为中购买后行为的一种，其重复性的表现之一在于该行为可以通过工具进行测量，表现在数学上是该行为有两次或两次以上[183]。涂洪波等将重复购买行为描述为消费者在体验某平台产品之后重复购买该平台产品的行为[184]。通过以往研究可以看出，初次购买行为完全根据个人意愿和态度决定，但是从行为结果来看，重复购买行为会比初次购买行为复杂。

鉴于此，本书认为，初次知识付费是指用户在某知识付费平台上初次购买知识产品的行为；持续知识付费是指用户在某知识付费平台上重复购买产品的行为。虽然初次知识付费与持续知识付费的结果是一样的，同是付费行为，但是它们产生的过程、受到的影响因素与干预等却是不一样的，也就是产生这种付费行为的过程是不一样的，同时影响二者形成的因素也是有差别的，那么在研究知识付费影响因素时，将二者区分开进行研究，也就有一定的现实意义。鉴于此，本书后面继续进行关于知识付费影响因素的研究，主要从初次知识付费和持续知识付费两个方面来开展，深入探讨影响其形成的要素的主要内容，以及影响程度和影响方式。

4.2　初次知识付费研究采用计划行为理论的必然性分析

4.2.1　计划行为理论的发展

在 1950 年，有关态度与行为关系的研究涌现，逐渐发展形成一系列态度行为理论，但在各种不同的理论中态度与行为之间关系并不一致。于是，1975 年理性行为理论（TRA）应运而生，并在诸多领域用于解释与预测用户行为。Fishbein 与 Ajzen 于 1975 年发表《信念、行为与态度：计划行为理论》，正式提出理性行为理论，该理论重新区分了态度、信念、意愿与行为之间的关系，同时科学、系统地给出了各变量的测量技术与方法、形成过程，以及它们之间的关系，最终构建了理论模型。此外，书中将理性行为理论与其他理论进行对比得出，信念、态度、意向与行为变量之间是相互独立的，解决了之前理论经常将这些变量混淆使用，而导致解释与预测行为的相关研究结论不一致的问题[113]。

理性行为理论是社会心理学领域的重要基础理论，由信念因素（态度信念、规范信念）、行为态度、主观规范、行为意愿与行为共同组成。行为是理性行为理论模型的因变量，只受行为意愿的直接影响；行为态度和主观规范共同解释行为意愿；行为态度是指个人对行为的评估，包括好坏、善恶、利弊的感觉；主观规范是指个人行为受他人或团体的评价、选择并实施其所期望的行为，见图 4.1[113]。

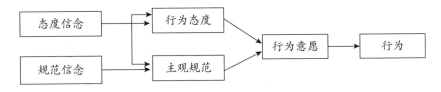

图 4.1　理性行为理论模型

资料来源：Fishbein（1975）。

　　理性行为理论在应用过程中，过于强调个人决策完全理性的缺陷逐渐暴露，实际上，个人行为是由理性与非理性因素共同决定的，在具体情境中引入的变量也会显著影响个人行为[185]。Ajzen 等自 1985 年以后发表的多篇论文中，在理性行为理论的基础上，引入了一个非理性变量—知觉行为控制，构建了理性行为理论的拓展模型。之后，该理论模型在多个不同情境中不断被验证有效，1991 年该模型被命名为计划行为理论[185–187]。计划行为理论在发展过程中，在理性行为理论的基础上加入了非理性变量，将人的行为中理性因素与非理性因素均考虑进去，使得模型对行为的解释与预测能力更强[113]，这一特点也为本书选择将计划行为理念作为研究知识付费影响因素的重要理论支撑提供了依据，因为它可以将用户选择知识付费的意愿和偏好等要素考虑其中，增强了本研究的理论依据。

4.2.2　计划行为理论的优势

　　计划行为理论是理性行为理论的拓展，继承了理性理论的优点。计划行为理论从产生到发展至今已历经半个世纪多，它不仅很好地解释和解决了人的行为选择偏好以及影响人的意愿和行为选择的因素，同时还广泛应用于新技术和新应用选择方面的研究，以及管理学、心理学、教育学、经济学等学科中关于用户行为、用户意愿和用户偏好的研究。通过对计划行为理论的内涵、特征及其以往相关理论和实践研究成果进行分析发现，该理论用于研究知识付费行为，有以下几方面的优势。

（1）计划行为理论着重研究初始行为。计划行为理论是理性行为理论的拓展。理性行为理论是较早的用于初始行为研究的主要理论模型，它从人的信念到态度再到意愿，再到行为，然后被优化，并发展成计划行为理论。计划行为理论更有利于初始行为相关问题的研究。尤其是计划行为理论在得到用户行为影响因素方面更有优势，所以选择将计划行为理论作为用户初次行为选择相关研究的理论支撑，有一定的合理性。

（2）计划行为理论用于多种情境多个领域。计划行为理论是研究用户行为相关问题的锚定理论[116]，有关解释与预测用户行为的研究大多是以计划行为理论为基础[119, 188–189]，尤其在社会心理学领域，是研究影响用户行为因素的主要工具。计划行为理论在特定情境下，预测用户行为具有较高鲁棒性[190]，可应用在各种不同情境，解决用户行为的诸多问题，广泛应用于农业经济、图书情报与数字图书馆、新闻传媒等多个学科[191]。多学科多领域的研究也为该理论的广泛适应性奠定了较好的基础，在一定程度上增加了采用该理论研究相关问题的可信度与可行性。

（3）计划行为理论研究角度全面。计划行为理论是将理性因素和非理性因素相结合的更系统、更全面的模型。继承了理性行为理论的优势，肯定行为是由个人意志力所控制的假设，引入非理性的知觉行为控制变量，阐述个人对资源或机会的可控程度决定了用户采取行动的可能性。Bandura 等指出"个人的行为往往是由他 / 她自己控制之外的一些因素所决定"，即由一系列非理性行为所决定[192–193]，支持了计划行为理论在理性因素基础上加入非理性因素的合理性。

4.2.3　采用计划行为理论的依据与可行性

计划行为理论是用于研究初始行为的理论，是理性行为理论的拓展，能够发现更多必要影响因素的理论模型。近年来，随着互联网的快速发展，以及其对人们生活、工作、学习、思维与行为的影响越来越大，学者们也开始将计划行为理论用于研究网络中一些现象或者网络用户行为，比如本书的研究主题——知识付费的相关问题，已有一些学者用该理论开展了一些基础研究，如张铮等采用计划行为理论研究了知识付费平台上用户支付意愿相对利益、集体规范、感知成本和版权意识显著影响[83]，杜智涛等基于计划行为理论研究了体验与需求显著影响用户知识付费行为[30]。本书将计划行为理论作为研究初次知识付费影响因素的理论支撑的原因主要表现在以下几个方面。

（1）计划行为理论可以更系统地研究初次知识付费行为。理性行为理论是较早用于研究初始行为的理论，而计划行为理论是在理性行为理论的基础上引入知觉行为控制这一非理性变量构建的理性与非理性相结合的理论，更能全面地解释用户行为。知识付费早期，用户对知识付费的认识不够深，大多通过身边的使用者推荐而付费，所以早期的研究主要采用的是纯理性理论。但是，到现在知识付费已飞速发展，大多数用户的付费行为不仅受他人推荐影响，更受个人对产品的态度，及为产品付费的基本条件（有无时间、有无金钱、有无能力）等这些非理性因素影响。就目前知识付费的发展而言，纯理性理论存在很多缺点，不适用于知识付费影响因素的研究，如理性行为理论过于强调个人决策的完全理性，而实际上个人决策行为很大程度上受非理性因素影响；社会认知理论与社会影响理论过于强调个人行为受周围人的指导、建议等影响，却忽略了个人态度对行为的积极作用；社会资本理论过于强调周围的个人、群体或组织所拥有的有形资源或无形资源对个人行为的影响，而忽略了个人态度、个人所具备的资源或能力对个人行为的影响；感知价值理论忽略了个人行为受到周围环境或社会的影响，个人资源和能力对个人行为的影响。所以本书需要采用理性与非理性结合的计划行为理论，引入更全面、更系统的变量，可以更有效解释初次知识付费行为。

（2）计划行为理论能够促使更多必要的知识付费影响因素被发现。

目前关于用户行为的研究多采用定量方法，只有计划行为理论要求研究者根据具体情境，通过访谈这一定性方法发现 5～9 个变量作为行为态度、主观规范与知觉行为控制的前置因素构建更有效的模型，更好地解释特定情境下的用户行为。目前知识付费处于发展早期，对知识付费影响因素的认识比较局限，而只有采用计划行为理论，才能够促使更多影响知识付费的因素被发现。所以，结合计划行为理论，本书在研究初始知识付费时，充分利用该理论的优势，综合考虑理性因素和非理性因素，确保研究的全面性、系统性和客观性，确保研究结论的有效性和可行性。

（3）计划行为理论主要用于研究用户行为，适合研究知识付费影响因素。可以用于研究知识付费影响因素的理论很多，但每个理论都有其侧重的领域，如满足理论在新闻传媒领域使用较多，而计划行为理论主要用于个人不同行为的研究，如网络采用行为、移动技术采用、在线服务使用、购买行为与消费行为，甚至是低脂饮食行为、献血行为、锻炼行为与饮酒行为等方面。在此之前，已有学者将计划行为理论应用于知识付费相关领域的探索性研究，并取得了一定的成绩，所以将计划行为理论用于研究知识付费影响因素，不管是从理论的特点还是应用上，都是合理且可行的。

综上所述，本书在研究初次知识付费的影响因素时，通过结合初次知识付费行为的产生过程、计划行为理论中考虑的理性因素和非理性因素，综合考虑行为的客观性、模型的理论指导和行为产生过程中的各个要素，构建影响初次知识付费的模型，具有一定的可行性；同时计划行为理论还能够全面反映初次知识付费影响因素的特殊性和客观性，能够很好地支持本书后续的研究工作，所以选择该理论作为初次知识付费影响因素的理论支撑。从计划行为理论的科学性、适用性与优越性上来看，该理论适用于知识付费初次付费影响因素研究，能够在一定程度上解决知识付费影响因素研究尚待完善的问题。

4.3　持续知识付费研究采用计划行为理论的必然性分析

4.3.1　持续理论的发展

Bhattacherjee 发现用户初次使用（接受）信息系统后，没有适合的理论能够有针对性地解释持续使用意愿。他也充分分析了期望确认理论，认为该理论模型中的满意度是促使用户产生持续使用意愿的主要因素。但仅考虑用满意度解释持续使用意愿的有效性较弱，这主要是因为满意度是用于解释重复购买的理论，强调购买的次数。为此，引入技术接受模型中的感知有用性，使其与满意度一同解释持续使用意愿。

此外，选择感知有用性的原因是感知有用性不会随着使用次数的增加而减弱，但感知易用性会随着用户经验的积累，使用的易用性会逐渐减弱。学者对持续理论的理解逐步加深，该理论研究的方向主要有：①持续使用意愿与持续使用行为关系的讨论；②在满意度、感知有用性与持续使用意愿中引入前置因素；③引入调节变量，尤其是探讨其在持续使用意愿与持续行为之间的作用。鉴于此，研究角度不断丰富，研究成果也不断增多；同时从主要研究出发点可以看出，持续理论主要从重复购买的角度，研究用户的重复使用行为，这也为本书从持续的视角研究知识付费的影响因素提供了理论支撑与依据。

4.3.2　持续理论的优势

（1）持续理论聚焦于持续行为研究。持续理论是仅有的专门用于研究用户持续行为的理论模型。持续理论是在期望确认理论的基础上增加了感知有用性变量，与满意度共同有效解释用户持续行为，开创性地提出了持续理论。如今，持续理论仍然是专注于解决用户持续行为的主要理论，会更有利于得到持续知识付费影响因素。

（2）持续理论被广泛运用于多个领域。持续理论是信息系统领域的重要理论，同样是用户行为影响因素研究的主要理论工具之一。持续理论广泛应用于电子政务、在线学习平台、网络谈判系统、服务应用系统、SNS平台、移动阅读App、在线教育平台等信息系统的用户使用行为研究，理论模型的有效性、科学性不断被定量实证方法验证，为特定情境下解决实际问题给出了更充分的理论支持。这种对于网络平台用户持续使用行为或重复购买行为的研究，也为本书研究持续知识付费行为提供了理论和应用的依据。

（3）持续理论能够促使更多必要的知识付费应影响因素被发现。持续理论模型中的感知有用性与满意度是解释持续行为的主要变量，尤其满意度来源于用于研究重复购买的期望确认理论。虽然持续理论模型仅有4个固有变量，但可以从不同角度加入多个情境变量，使模型中各变量关系的可能性更多，模型的适用性更强，尤其适于加入调节变量构建模型发现变量间的关系。

（4）持续理论模型的有效性较高。该理论模型结构简单，但具有较为理想的预测结果，其结果一般在30% ~ 80%范围内。另外，模型中满意度、感知有用性的使用相当普遍，是常规行为意愿的常用变量，并且二者在诸多模型中的结果也较为理想，见表4.1。

表 4.1　感知有用性与满意度对使用意愿解释与预测贡献的总结

参考文献	感知有用性 / (β/R^2)	满意度 / (β/R^2)	使用意愿 /R^2
赵保国 等[101]	0.47***	0.35***	——
Chen et al.[175]	0.19*	0.51***	63%
Bhattacherjee et al.[124]	0.29***/20%	0.57***/33%	41%
Bhattacherjee et al.[23]	0.59***/27%	0.56***/0.41	74%
Bhattacherjee et al.[134]	0.38**	0.19**	——
Thong et al.[174]	0.13***/25.4%	0.50***/67.8%	57.6%
Limayem et al.[142]	0.45**/40%	0.38**/0.42	53%
Kim[143]	0.20**/38%	0.20*/40%	52%

续表

参考文献	感知有用性 / (β/R^2)	满意度 / (β/R^2)	使用意愿 / R^2
Hsiao et al.[147]	不显著	0.31***/70%	71%
Yoon et al.[148]	0.28**	0.35**/59.5	66%
Kim et al.[144]	0.22**/45%	不显著 /37%	43%
Lee et al.[145]	0.18*	0.30**	80.9%
钱瑛[150]	0.22***	0.12***	—
杨根福[151]	0.13*	0.53*	62.9%
杨根福[152]	0.23**	0.41**	65.9%
李武 等[153]	0.22***	0.10*	31%
赵文军 等[156]	0.27***	不显著	—
李琪 等[163]	0.32***/65%	0.45***/81%	72.4%
赵宇翔[154]	0.12**	0.61***	—
孟猛 等[165]	0.32***/43.1%	0.27***/48%	40%
甘春梅 等[166]	0.24***/40.7%	0.20**/45.9%	40.6%

数据来源：本书整理。***<0.001；**<0.01；*<0.05；不显著 >0.05；"—"表示原文献并未给出具体数值。

4.3.3　采用持续理论的依据与可行性

本书采用持续理论来研究持续知识付费影响因素，若单纯从字面意思理解，则有一定的可行性；但更为重要的是要从理论本身的内涵、特性和可行性等角度分析其对研究持续知识付费影响因素的支撑程度与力度。综合以上持续理论的内容和持续理论的优势，本书认为采用持续理论来研究持续知识付费影响因素的依据和可行性，主要表现在以下几个方面。

（1）持续理论是研究用户持续行为的核心理论，适合持续知识付费影响因素研究。期望确认理论是研究用户重复购买行为较早的理论模型，持续理论是在期望确认理论的基础上增加了感知有用性这个变量构建的新模型，更能有效地解释用户持续使用信息系统行为。期望理论模型阐释了满意度与购买行为的关系，而持续理论是在此基础上，进一步增加了感知有用性用户行为的关系。这要比期望确认理论模型仅从满意度单一变量解释购买行为更全面、系统，也比技术接受模型仅从"感知"一个维度解释用户使用行为更多样、深入。

（2）持续理论含有的意义更广泛。其一是用户使用信息系统次数是两次或两次以上，这是因为持续理论模型的满意度用于解释重复购买意愿，意愿是解释行为的主要因素。也就是说，重复购买不但要考虑产品的购买，而且也强调购买的次数。其二是用户与信息系统存在一种稳定的使用关系，这是因为在信息系统的情境中，初次接受或初次购买之后，持续使用信息系统会更重要。通过对比可知，知识付费平台既是一个信息系统，要考虑用户对技术的使用，又是一个知识商品交易的平台，要考虑用户为知识产品付费的次数。持续理论的两层含义与知识付费的特征吻合。持续理论适合用于持续知识付费影响因素研究。

4.4　小结

本书将采用目前已有的关于购买行为阶段划分方法作为付费行为阶段划分的依据，结合对购买行为与重复购买行为两阶段的重要性及复杂性存在明显差异的分析，考虑本书的研究重点知识付费的影响因素，所以本书将知识付费分为两个阶段：初次知识付费和持续知识付费。通过综合分析现有文献对购买行为与重复购买行为的定义，本书给出了初次知识付费与持续知识付费的定义，明确了初次知识付费与持续知识付费在产生过程、受到的影响因素与干预等是不一样的。为了更好地研究初次知识付费与持续知识付费，经过上文对研究付费行为相关理论的分析及对比发现，计划行为理论是理性行为理论的拓展，能够发现更多必要影响因素的理论模型，主要适用于初始行为研究；持续理论是期望确认理论的拓展，是研究持续行为的核心理论。所以本书采用计划行为理论来研究初次知识付费影响因素，采用持续理论来研究持续知识付费影响因素。

在理论上将付费行为分为初次付费及持续付费，但实际上人们在消费过程中并没有如此明确界定，再加上人是复杂的个体，消费意愿会随时因某事发生变化，所以有必要将初次知识付费与持续知识付费整合在一起，有针对性地加入调节变量，才能更有效地解释用户付费行为，更完整地得出知识付费影响因素，弥补当前研究仅侧重初次或持续知识付费影响因素的不足。

第5章 初次知识付费影响因素研究

初次知识付费和持续知识付费是不同的两个阶段。经过对研究付费行为相关理论的分析及对比，发现计划行为理论是理性行为理论的拓展，能够发现更多必要影响因素的理论模型，主要适用于初始行为研究。鉴于此，本章采用计划行为理论对访谈资料与文献进行分析，发现了态度、主观规范与知觉行为控制的前置因素，并构建了初次知识付费影响因素理论模型。通过调查问卷获取数据，运用结构方程模型法分析数据，验证假设，得出结果与结论。

5.1 理论基础

Fishbein 与 Ajzen 两位教授于 1975 年共同提出理性行为理论。理性行为理论专注于解决社会心理学领域的用户行为问题，是计划行为理论等重要理论的基础理论。理性行为理论模型认为纯理性因素的行为态度、主观规范共同解释行为意愿，行为意愿解释行为。但学者们在采用理性行为理论模型研究个人行为问题时，发现该理论太过强调理性因素决定个人行为，忽视了非理性因素对个人行为的影响。

计划行为理论不仅引入了理性维度的主观规范与行为态度两个变量，同时引入了非理性维度的知觉行为控制，从理性与非理性两个方面共同解释与预测个人行为[187]。计划行为理论模型的变量主要分成两类：其一是理性维度的行为态度、主观规范、行为意愿，以及非理性维度的知觉行为控制变量；其二是主观规范、行为态度与知觉行为控制的前置因素，见图 5.1。计划行为理论认为人们对任何给定的行为持有很多信念，但在任一特定时刻或情境中只有较少的信念，这些较少的信念被称为凸显信念（salient belief）。凸显信念实质上就是行为态度、主观规范与知觉行为控制的前置因素，主要用于解释与预测个人行为，通过行动者本人的问卷或访谈记录获得。

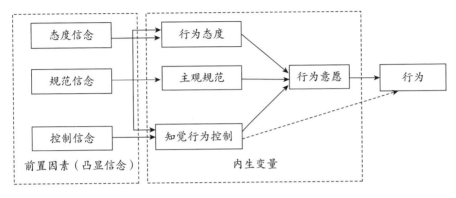

图 5.1　计划行为理论模型

资料来源：Ajzen（1991）。

构成计划行为理论模型的 4 个变量的介绍如下。

1. 行为态度

行为态度（behavioral attitude，PA）是指个人对行为的评估，包括好坏、善恶、利弊的感觉。行为态度的函数表达式为

$$A \propto \sum_{i=1}^{n_b} b_i e_i$$

式中：b_i——态度信念；

e_i——结果评价；

n_b——态度信念个数。

2. 主观规范

主观规范指个体对是否采取某一特定行为受感知的社会压力的影响程度。换言之，在预测他/她人行为时，个人采取行动受到他/她周围的个人或团体影响的程度[187,41]。主观规范的函数表达式为

$$SN \propto \sum_{j=1}^{n_b} n_j m_j$$

式中：n_j——规范信念；

m_j——顺从动机；

n_b——规范信念个数。

3. 知觉行为控制

知觉行为控制是指个人采取某一特定行为时，对所需资源和机会可以控制的程度，它反映的是个人对促进或阻碍行为因素的知觉[187]。也可将知觉行为控制理解为个人对资源或机会可控的程度，个人拥有有用的资源或计划越多，他／她预期的障碍就越少，对行为控制就越强，反之亦然。知觉行为控制的函数表达式为

$$PBC \propto \sum_{i=1}^{n_c} c_i p_i$$

式中：c_i——控制信念；

p_i——知觉的强度；

n_c——控制信念个数。

4. 行为意愿

行为意愿是个人想要采取某一特定行为的动机，是解释与预测用户行为最直接、最主要的决定因素[188]，可衡量个人采取某一特定行为意愿的参与程度[187]。

5.2 变量及假设的提出

11 个潜变量组成初次知识付费影响因素理论模型，它们的来源主要有两个途径：其一是采用访谈方式，经分析，得到 7 个变量，包括感知内容质量、感知服务质量、体验、信任、感知付费、货币资源与时间资源；其二是计划行为理论模型中的固有变量，包括行为态度、主观规范、知觉行为控制、初次付费意愿与初次付费行为。本书对这 12 个变量的定义，见表 5.1。

表 5.1　初次付费行为理论模型中的各潜变量的定义

潜变量	定　义	参考文献
感知内容质量	个人对知识付费产品的预期与感知到的绩效或表现之间的比较	Chiu et al.[194]
感知服务质量	个人对知识付费服务的预期与感知到的服务绩效或表现之间的比较	Chiu et al.[194]
体验	个人使用某些知识产品或服务的行为的感想或感受	Moore et al.[195]
信任	对知识付费平台属性的一种信念	Mcknight et al.[196]
感知付费	为了获得付费产品或服务而感知到必须承受的成本	Kim et al.[197]
货币资源	个人购买知识产品必须支付的货币	Pavlou et al.[61]
时间资源	个人完成知识付费产品必须投入的时间	Pavlou et al.[61]
行为态度	个人对所涉及行为有利或不利的评估或评价的程度	Ajzen[187]
主观规范	个人感知对他/她重要的大部分人认为他应该或不应该在某知识付费平台上为知识产品第一次付费	Ajzen[187]
知觉行为控制	个人所能获得的资源和机会在某种程度上决定了初次付费的可能性	Ajzen[187]
初次付费意愿	个人在某知识平台初次付费意愿的程度，或者是计划施加多大的努力进行第一次付费	Ajzen[187]
初次付费行为	个人会在某知识付费平台上的第一次为知识产品付费	Ajzen[187] Ajzen[135] Pavlou et al.[61]

　　经过对本章用于构建模型的 12 个变量的定义，更加明确了每个变量的内涵与侧重点。根据本章研究初次知识付费影响因素的需要，提出以下假设。

5.2.1　初次付费意愿

行为意愿是指个人想要采取某一特定行为的动机。计划行为理论与理性行为理论等理论模型都认为行为意愿是显著影响行为的主要因素[113-114]，并且这两个理论模型着重研究初始行为[113, 133]，行为意愿实际上是指初始行为意愿。在网络平台上，初次购买意愿显著影响初次购买行为。例如，Pavlou 等采用计划行为理论研究了消费者在购物平台上初次购买意愿与初次付费行为正相关[61]。当个人来到某知识付费平台时，之前并无在该平台上付费经历，但这一次他有为某个知识产品付费意愿，从而有可能为该知识产品付费的行为。鉴于此，提出以下假设。

假设 1（H1）：初次付费意愿正向显著影响初次付费行为。

5.2.2　初次付费态度

1. 初次付费态度与初次付费意愿关系的假设

计划行为理论认为行为态度与付费意愿直接相关[113,185,187]，Fishbein、Ajzen 与 Steinmetz 等研究也支持行为态度正向显著影响行为意愿[185,187,198]，即个人认为某些行为会产生有利结果，并开始这种行为的可能性更大；个人对初次知识付费行为结果的积极评价与初次知识付费意愿正相关[71]。当个人对知识产品初次付费抱有积极态度时，因为知识产品付费会对他产生积极、有利的结果，如增长知识、见识、实现自我提升等。鉴于此，提出以下假设。

假设 2（H2）：初次付费态度（payment attitude，PA）正向显著影响知识付费意愿。

2. 感知质量与初次付费态度关系的假设

在网络环境中，感知质量包括信息质量、系统质量、服务质量、网站功能质量、网站内容质量等[176]。个人对网络及其内容、服务质量的感知越高，对采取某行为作出的评价越积极，从而积极影响行为态度。在知识付费平台情境中，李武等认为感知内容质量正向显著影响付费态度[199]，但并未研究平台服务质量对用户付费行为的影响。实际上，个人在决定为知识产品初次付费前，要先使用知识付费平台系统，如果该平台系统不方便操作或平台中的内容质量无法满足自己的预期，就会对该平台抱有消极态度。鉴于此，提出以下假设。

假设 3a（H3a）：感知内容质量正向显著影响在线知识初次付费态度。

假设 3b（H3b）：感知服务质量正向显著影响知识付费的付费态度。

3. 初次付费态度、初次付费行为与感知费用关系的假设

感知费用分成两类：一类是货币成本；另一类是非货币成本。货币成本涵盖使用的设备、产品交易成本等；非货币成本包括收集成本、时间成本等[79]。知识付费平台中，产品或服务大多是个人付费后才可使用，倘若对费用较为敏感，感知费用越高时，初次知识付费的态度越积极。同时，感知费用负向显著影响个人初次使用行为[134]。在个人感受到为某个知识产品所付出的有形或无形成本较少时，他很可能不选择付费，表明感知费用对初次在线支付行为有积极作用，鉴于此，提出以下假设。

假设 4a（H4a）：感知费用负向显著影响初次付费态度。

假设 4b（H4b）：感知费用负向显著影响初次付费行为。

4. 体验与初次付费态度的关系的假设

Moore 等基于 S-O-R 范式与流理论认为，体验是个人行为的动因[195,200]。Herrero 等以计划行为理论为基础，提出购买意愿是购买行为的主要解释变量，而体验的好坏需要用户不断地体验尝试，倘若体验较好会促使个人形成积极的评价态度，进而产生购买意愿[131]。刘周颖等认为将声音形式引入"在行一点"、知乎等知识付费平台后，可优化用户体验、提升用户的参与度[201]。Roma 等认为当用户感受到付费版 App 能为个人提供更好的体验时，就会为这个 App 付费[202]。也有学者通过对"得到"App 的研究发现，App 闪退、网络连接异常或无法联系等问题容易导致个人体验较差，使得个人满意度明显下降，也

无法满足个人需求，最后形成消极的用户体验，不愿为知识产品付费。鉴于此，提出以下假设。

假设3c（H3c）：体验正向显著影响知识付费用户的初次付费态度。

5.信任与初次付费态度的关系的假设

为争取更多新用户，在线商业需要重新制定满足用户期望、赢得用户信任的策略。例如，电子商务网站缺失诚信时，用户就不会在该网站购买产品。网络平台管理者认为，在线购物平台上采用新的信息技术、用户对在线购物平台的信任都会使用户产生付费意愿[203]。用户的需求随着运营模式的变化而改变，同时诚信有助于产生长期的盈利与增长[203]。但如今的网络信息公开与个人隐私受到威胁，用户对电子商务或电子政务等在线服务的采用行为受到信任的显著影响[18]。用户的信任对电子商务或移动商务环境下的显著作用得到认可，不过有些并未通过在线商城购买所需要的产品或服务的主要原因是"用户并未感知到商家足够的诚信"。因此，信任是引导用户通过网络购买产品或服务的关键因素，尤其在新的商业发展初期，这种作用更为突出。在移动商务情境下，信任是指个人认为使用移动商务应用是安全的，并且并不存在隐私威胁[204]。在信任存在下，个人不但愿意接受产品或服务的技术，同时更愿意接受提供的产品[204]。信任使个人初次知识付费成为可能[52]。鉴于此，提出以下假设。

假设4d（H4d）：信任正向显著影响知识付费用户的初次付费态度。

5.2.3 主观规范

主观规范是指个体采取或不采取行为受他所在可感知到社会压力的正向显著影响[187]。理性行为理论与计划行为理论认为主观规范与行为意愿正相关[113-114]。用于解释个人行为意愿的主观规范，其范畴也较为广泛，包括个人周围的同事、朋友、家人、电视与网络等。已有研究都表明，在网络环境下，主观规范仍正向显著影响系统使用意愿[117,205-206]。尤其是在知识付费情境下，杜智涛等与张铮等都采用计划行为理论来研究主观规范正向显著影响支付意愿，因此，个人在某个不熟悉的知识付费平台上，一般会参考周围人对该平台及其产品的评价来决定付费或者不付费[30,83]。鉴于此，提出以下假设。

假设 5（H5）：主观规范正向显著影响初次付费意愿。

5.2.4　知觉行为控制

1. 知觉行为控制与初次知识付费的关系的假设

计划行为理论认为知觉行为控制具有两方面作用：其一，与行为态度、主观规范分别正向显著影响行为意愿；其二，与行为意愿显著影响行为[125, 188]。知觉行为控制是指个人采取某一特定行为时，对所需资源和机会可以控制的程度，它反映的是个人对促进或阻碍行为因素的感知[187]。个人可以掌控的时间、金钱等资源，以及学习、发展等机会直接影响个人行为意愿与个人行为。个人拥有的时间或者金钱越多，就会产生购买知识产品的意愿或者直接购买。鉴于此，提出以下假设。

假设 6a（H6a）：知觉行为控制正向显著影响初次知识付费意愿。

假设 6b（H6b）：知觉行为控制正向显著影响初次知识付费行为。

2. 知觉行为控制与用户资源的关系的假设

计划行为理论认为信念可解释行为意愿与行为。信念包括态度信念与控制信念。态度信念是指影响行为态度的前置因素。控制信念是指影响知觉行为控制的前置因素。资源与机会都是控制信念[187]，资源包括有形资源与无形资源，时间属于无形资源，而货币是有形资源，从而时间资源与货币资源也是控制信念。本书将时间资源与货币资源归为用户资源。时间资源是个人无法通过任何途径获得的宝贵资源[188]。经实证发现，未合理分配时间的在线学习者会难以成功学完线上课程[207]，时间也是个人达到预期学习或工作目标的重要资源。同样地，当个人遇到符合自己需要的产品时，通常会先考虑有无更便宜的替代产品，最好是有免费的替代品。综合来看，认为自己有时间完成要购买的知识产品，同时能承担起购买的价格，这些都会促进个人初次知识付费。鉴于此，提出以下假设。

假设 7a（H7a）：用户的货币资源正向显著影响初次知识付费用户的知觉行为控制。

假设 7b（H7b）：用户的时间资源正向显著影响初次知识付费用户的知觉行为控制。

基于以上对各变量关系的描述，构建初次知识付费影响因素的理论模型，见图 5.2。

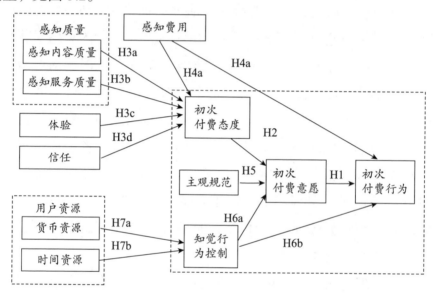

图 5.2　初次知识付费影响因素研究的理论模型

5.3　开放式问卷、测量量表开发及数据收集与样本情况

5.3.1　开放式问卷

变量的测量分成两步：一是运用开放式问卷找到前置因素（凸显信念）；二是制作调查问卷，通过问卷测量变量的多个指标。本书在初次

知识付费影响因素的研究中，通过开放式问卷获取数据及分析找到影响初次付费态度与知觉行为控制的前置因素。该问卷共有 10 个问题，所有问题的设计均参考 2002 年 Ajzen 论文中提出的一致性原则[135]。在一致性原则的指导下，变量被低估、变量之间易被混淆与评估不一致等普遍存在问题都可以避免。为了保证一致性原则严格执行，Ajzen 将用户行为分成 T、A、C、T 4 个元素：T（目标）是指知识付费平台；A（行动）是指用户为知识内容或服务付费；C（环境）是指整个网络环境，包括互联网与移动互联网；T（时间）是指被邀请填写问卷的受调查者填写前的 30 天里在某知识付费平台上已为知识产品初次付费。笔者邀请两位熟悉的受调查者采用设计完成的开放式问卷进行面对面测试，根据反馈意见再做修订，随后由有多年教学与科研经验的北华大学研究基础心理学的老师对修正后的问卷定稿审查。最后，设计完成用于收集数据的正式版本。

开放式问卷发放过程。笔者对潜在的 65 位知识付费用户采取 1：1 方式发放，共收回 44 份有效问卷。这些受调查者都是在过去 30 天内有过在某个知识付费平台上第一次付费的经历。为了保证开放式问卷的有效性，符合要求的问卷规则如下：首先，受调查者 2 天内并未返还问卷或者超过 5 天才返的问卷均视为无效问卷；其次，问题答案高度一致，表明受调查者带有明显的随意性，也归为无效问卷；最后，问卷回答不完整的同样被视为无效问卷。接着，运用文本分析法对每个问卷进行分析，得到每个信念出现频率，结果见表 5.2。对每个信念数值大小进行对比，以频率高于 40% 的数值为低值，筛选出 7 个外部变量，将其作为新构建模型的前置因素。其中感知内容质量、感知服务质量、感知费用、体验与信任 5 个前置因素是态度信念；另外，时间资源与货币资源 2 个前置因素是控制信念（知觉行为控制信念）。

表 5.2　行为态度、知觉行为控制的前置因素

控制信念	频率所占比例 /%	态度信念	频率所占比例 /%
时间资源	26（59%）	感知内容质量	28（64%）

续表

控制信念	频率所占比例 /%	态度信念	频率所占比例 /%
货币资源	20（45%）	感知服务质量	24（55%）
内容数量	8（18%）	感知费用	22（50%）
时效性	8（18%）	体验	18（41%）
方便快捷支付	4（9%）	信任	18（41%）
下载延迟	4（9%）	感知产品多样性	6（14%）
购买技能	2（4%）	感知风险	6（14%）
时间资源	26（59%）	感知方便性	2（4%）

本章构建的初次知识付费影响因素理论模型是在计划行为理论模型的基础上引入了 7 个情境变量（其中，感知质量包括感知产品质量与感知服务质量，用户资源包括时间资源与货币资源）：①体验，体验作为行为态度的前置因素引入计划行为理论模型；②信任，信任是用户一直关心的因素，伴随着在线交易与电子商务的迅速发展，在线环境下的信任研究受到广泛的关注，缺少信任是限制使用者使用电子商务应用的重要因素；③感知质量，即感知服务质量与感知内容质量，明确界定了产品 / 服务的内容与技术对用户感知的不同；④感知费用，感知费用与感知成本之间存在差异，感知费用具有明显行动倾向性，与用户行为的作用关系更大，而感知成本的货币属性更大；⑤用户资源，即时间资源与货币资源，时间资源与货币资源是阻碍或促进个人初次付费的两个变量，属于知觉行为控制范畴。

5.3.2 测量量表开发

上文详细介绍了有关开放式问卷如何获得前置因素的过程，明确了量表内各个变量的名称与数量。参考已有量表结果的方法经常被使用，但是针对新情境或新问题，对已有量表进行修改会影响量表的效度（validity）与信度。学者们若要借用已有量表，就必须充分论证并说明使用该量表的原因，即使只采用量表中的部分内容，也要给予说明 [208]。克叶尔等建议研究者同时使用原有量表与修订后的量表，这样有助于提高量表的信度与效度，也有助于在新量表的结果不理想时，仍可以分析原有量表的数据，得到有效的结果[208]。本书采用修订后的量表收集数据。

测量量表的开发主要借鉴国外文献中已使用过的成熟题项。笔者对修订后的量表采取了以下 4 步优化：第一步，请英语翻译专业的同学再次翻译相同的量表，核对前后两个翻译版本的差异，对有歧义或不明确的问题进行修订[205]；第二步，量表中的每个问题均参考 Ajzen 的 T、A、C、T 4 元素法给予充分审查，修订或剔除不符合要求的问题[135]；第三步，邀请北华大学的基础心理学教师从专业角度对所有问题进行修订；第四步，选取 10 位受调查者回答修订后的量表的问题。回答结束后，向受调查者询问填写问卷过程遇到的问题，根据受调查者的反馈意见再修订问卷。经反复修订的调查问卷共有 12 个变量，共计 50 个题项，每个潜变量及其测度情况，见表 5.3。

表 5.3 潜变量及其测度情况

潜变量	测量的主干问题	问题数	参考文献
感知内容质量	您会感受到知识产品的内容质量对您有益吗	4	Li et al.[209]
感知服务质量	您会感受到知识产品的服务对您有帮助吗	6	Li et al.[209] Hsu et al.[128]
感知费用	您会感受到知识产品的费用会影响您的第一次付费吗	3	Kim et al.[197]
体验	您为知识产品第一次付费是受到对这些产品的体验的影响吗	4	Schmitt[210]
信任	您为知识产品第一次付费是受到知识付费平台让您信任的影响吗	6	Gefen et al.[211]
初次付费态度	您对个人在某个知识付费平台上为知识产品第一次付费的态度	4	Sameer[71]
主观规范	您认为重要的人会影响您为知识产品第一次付费吗	4	Liao et al.[212]

续表

潜变量	测量的主干问题	问题数	参考文献
货币资源	您为知识产品第一付费受预留货币数额的影响吗	4	Pavlou et al.[61]
时间资源	您为知识产品第一次付费受时间的影响吗	4	Pavlou et al.[61]
知觉行为控制	有增加或降低您为知识产品第一次付费的资源或机会吗	4	Taylor[125]
初次付费意愿	过去 30 天内您在某个知识付费平台上为知识产品第一次付费的意愿	4	Hamari et al.[67] Lin et al.[68]
初次付费行为	过去 30 天内您在某个知识付费平台上为知识产品第一次付费	3	Ajzen[187] Ajzen[135]

5.3.3　数据搜集与样本情况

整个数据搜集过程包括量表的发放、回收与整理，详细介绍如下。

（1）量表经由国内大型网络与移动网络平台投放：①在问卷设计网站（问卷星）设计完成所有问题的调查问卷，使用了该平台上专业收集数据服务；②在微博、微信与 QQ 等社交平台上投放，尤其选择向拥有大量新老用户的"微信群"投放问卷。成立这些"微信群"目的是便于有为知识付费经历的人彼此交流，这里的用户在知识付费平台为知产品初次付费的可能性极高，有助于找到更多适合的受调查者。为保证受调查者填写问卷质量与积极性，笔者对受调查者给予一定奖励。

（2）问卷的回收与整理。为保证收集数据的有效性，调查问卷要符合以下两个标准：其一是受调查者不足 5 分钟完成的问卷视为无效；其二是受调查者已完成问卷的答案高度一致，表明受调查者随意填写问卷的可能性比较大，同样这些问卷视为无效。

经过 10 天的收集与整理，共获得 600 份问卷，其中有效问卷 416 份，合格率为 69.3%。Schumacker 等认为大部分社会科学的实证研究样本数均为 200 ～ 500[20]，但是也有认为样本数量与潜变量比例在 5：1 以上[21]。按照此标准，本章用于分析的有效样本量符合要求。另外，受调查者的描述性统计分布见表 5.4。其中受调查者的男女性别比例差异较小，与 CNNIC 在 2020 年发布的最新数据大体一致[5]；受教育程度以本科生为主，所占比例为 62.5%；从年龄分布上来看，40周岁以下所占比例为 67.8%；职业分布较为多样，其中政府/事业单位员工、学生与外企/合资企业员工受调查者人数排名前三；月收入为 3000 ～ 15000 元的所占比例超过一半。

表 5.4　样本统计描述（$N = 416$）

变　量	项　目	频　数	百分比/%
性别	男	222	53.4
	女	194	46.6
年龄	小于或等于 19 岁	22	5.3
	20 ～ 29 岁	101	24.3
	30 ～ 39 岁	159	38.2
	40 ～ 49 岁	94	22.6
	大于或等于 50 岁	40	9.6
学历	专科及以下	97	23.3
	本科	260	62.5
	研究生	59	14.2
职业	政府/事业单位员工	54	13.0
	国有企业员工	47	11.3
	外企/合资企业员工	62	14.9
	私营/民营企业员工	49	11.8
	个体/私营企业负责人	24	5.8
	自由职业	41	9.9
	学生	57	13.7
	其他	82	19.7

变　量	项　目	频　数	百分比 / %
收入	500 元以下	65	15.6
	501 ～ 1000 元	10	2.4
	1001 ～ 1500 元	21	5.0
	2001 ～ 3000 元	42	10.1
	3001 ～ 5000 元	72	17.3
	5001 ～ 10000 元	98	23.6
	10001 ～ 15000 元	51	12.3
	15001 ～ 20000 元	37	8.9
	20001 元以上	20	4.8

从表 5.4 可以看出，有效样本中的年龄分布情况显示，30 ～ 39 岁人群为知识付费主力，与 CNNIC 在 2021 年 2 月发布的最新数据大体一致，年龄分布具有一般性 [5]。同样，袁荣俭指出 20 ～ 40 岁的年龄段，所占比例为 90.2%。其中 30 ～ 40 岁的年龄段所占比例为 40%，与本书所研究的年龄分布比例几乎相同 [213]。

5.4　数据分析与检验

5.4.1　信度与效度分析

信度与效度分析是将研究设计、数据收集、数据分析过程经济和管理学实证研究相结合。信度与效度是本章数据分析的主要环节。

初次付费行为验证性因子分析结果，包括因子载荷、CR、AVE 以及 Cronbach Alpha，见表 5.5。

第一，潜变量的各个观察变量的因子载荷值在 0.745 ～ 0.893 范围内，均超过 0.7，表示理想，说明聚合程度高。

第二，每个潜变量的 CR 值在 0.792 ～ 0.896 范围内，均超过 0.7，表示理想，说明各个潜变量的内部一致性均符合信度与收敛效度的标准。

第三，每个潜变量的 AVE 值在 0.5620 ～ 682 范围内，均超过 0.5，表示理想，说明本书新构建的模型具有较好的信度与收敛效度。

第四，每个潜变量的 Cronbach Alpha 值在 0.791 ～ 0.894 范围内，均超过 0.7，表示可接受。

表 5.5　初次付费行为验证性因子分析结果

潜变量	项目	因子载荷	CR	AVE	Cronbach Alpha
感知内容质量（PCQ）	PCQ1	0.829	0.864	0.680	0.863
	PCQ2	0.859			
	PCQ3	0.784			
感知服务质量（PSQ）	PSQ1	0.748	0.812	0.590	0.809
	PSQ2	0.806			
	PSQ3	0.749			
感知费用（PC）	PC1	0.810	0.792	0.562	0.791
	PC2	0.669			
	PC3	0.762			
体验（EXP）	EXP1	0.754	0.817	0.599	0.814
	EXP2	0.800			
	EXP3	0.766			
信任（TRU）	TRU1	0.828	0.854	0.662	0.851
	TRU2	0.791			
	TRU3	0.821			
初次付费态度（PA）	PA1	0.822	0.887	0.662	0.884
	PA2	0.782			
	PA3	0.870			
	PA4	0.777			

潜变量	项目	因子载荷	CR	AVE	Cronbach Alpha
主观规范（SN）	SN1	0.785	0.840	0.637	0.838
	SN2	0.822			
	SN3	0.787			
货币资源（MR）	MR1	0.810	0.890	0.670	0.887
	MR2	0.790			
	MR3	0.893			
	MR4	0.776			
时间资源（TR）	TR1	0.840	0.896	0.682	0.894
	TR2	0.814			
	TR3	0.823			
	TR4	0.826			
知觉行为控制（PBC）	PBC1	0.859	0.883	0.654	0.880
	PBC2	0.745			
	PBC3	0.831			
	PBC4	0.794			
初次付费意愿（PI）	PI1	0.764	0.873	0.632	0.872
	PI2	0.768			
	PI3	0.806			
	PI4	0.838			
初次付费行为（PB）	PB1	0.849	0.858	0.669	0.857
	PB1	0.839			
	PB1	0.803			

潜变量内部与潜变量之间区分度不理想时，横向与纵向的数值大于对角线的数值；当潜变量内部与潜变量之间区分度理想时，横向与纵向的数值小于对角线的数值，见表 5.6。该组织的数据结果符合标准。

表 5.6　AVE 的平方根与潜变量间的相关系数

潜变量	Mean	S Dev	PB	PI	PBC	PA	TR	MR	SN	TRU	EXP	PC	PSQ	PCQ
PB	5.18	1.45	.82	—	—	—	—	—	—	—	—	—	—	—
PI	4.91	1.46	.49	.80	—	—	—	—	—	—	—	—	—	—
PBC	6.42	1.96	.49	.49	.81	—	—	—	—	—	—	—	—	—
PA	4.73	1.53	.34	.50	.40	.81	—	—	—	—	—	—	—	—
TR	4.73	1.52	.47	.44	.40	.40	.83	—	—	—	—	—	—	—
MR	4.32	1.70	.42	.38	.43	.39	.34	.82	—	—	—	—	—	—
SN	4.97	1.32	.32	.43	.41	.40	.35	.32	.80	—	—	—	—	—
TRU	4.80	1.49	.43	.46	.42	.46	.37	.35	.36	.81	—	—	—	—
EXP	5.03	1.42	.37	.46	.41	.49	.35	.37	.36	.36	.77	—	—	—
PC	5.27	1.35	−.24	−.21	−.11	−.22	−.11	−.18	−.18	−.14	−.16	.75	—	—
PSQ	4.82	1.49	.34	.39	.42	.47	.36	.33	.38	.34	.35	−.04	.77	—
PCQ	4.68	1.45	.33	.43	.40	.48	.33	.30	.29	.32	.33	.044	.35	.83

5.4.2　结构方程模型的适配度检验

运用 AMOS 软件分析结构方程模型得到的结果可从以下 3 个方面进行解释：首先，新构建的理论模型有效性，结构方程模型对调查问卷数据的分析有较好的适配度，表示模型的稳定性与可靠性良好；其次，解释结构方程模型中路径系数与变量间关系的分析结果；最后，因变量的 R^2 值，新构建模型对因变量的总的解释度[103]。本章从适配度检验与路径分析两方面阐释了实证分析的结果，对本书的解读更深入与全面，结构方程模型的整体适配度指标（goodness-of-fit index，GFI）结果，见表 5.7。

表 5.7　结构方程模型的整体适配度指标结果

拟合指标		可接受建议	检验结果数据	参考文献
绝对适配度统计量	卡方值与自由度比值（Chi-square/df）	1 ～ 3	1.125	Bentler et al.[214]

	拟合指标	可接受建议	检验结果数据	参考文献
绝对适配度统计量	近似误差均方根（RMSEA）	< 0.05 ～ 0.08	0.026	Mcdonald et al. [215]
	适配度指标（GFI）	> 0.90	0.916	Seyal et al. [216]
增值适配度统计量	规范适配度指数（NFI）	> 0.90	0.919	Bentler et al. [214]
	非规范适配度指数（non-normed fit index，NNFI）	> 0.90	0.989	Bentler et al. [214]
	模型比较适配度指数（CFI）	> 0.90	0.990	Bentler et al. [214]
	增值适配度指标（IFI）	> 0.90	0.999	Bentler et al. [214]

绝对适配统计量共包括 3 个主要指标。

（1）卡方与自由度比值（$= X^2 \div df$）。比值越大，表明适配度越差，本书中的卡方与自由度比值为 1.125，大于 1 表明模型可接受。

（2）RMSEA（root mean square error of approximation），即近似误差均方根。Hair 等提出当 RMSEA 数值小于 0.05 时，表示模型的适配度理想[217]，有学者提出其数值小于 0.08 可接受[215]。当其取 0 值时，说明新构建的模型最适配。本书中 RMSEA 值是 0.026，小于 0.05，表明新构建的模型与实际数据的适配度较优。

（3）GFI，即适配度指数。GFI 值介于 0 ～ 1 范围内，其数值越大表示由假设组成的模型与实际数据的配适度一致程度越高，当数值达到 1 时，模型的适配度最佳。一般要求 GPI 值大于 0.9[216]，本书中数值是 0.916，构造的模型符合要求。

增值适配度统计量共包含 4 个指标（其中，NNFI 指标是 NFI 指标的修正，而 CFI 是 NFI 的一种改良指标）：NFI（normed fit index），即规范适配度指数；NNFI，又称为 TLI，即非规范适配度指数；CFI （comparative fit index），即模型比较适配度指数；IFI（incremental fit index），即增值适配度指标。NFI 值、NNFI 值、CFI 值与 IFI 值在 0 ～ 1 范围内[218]，达到 1 时模型的适配度最佳，但是 NNFI 值、CFI 值与 IFI 值可能大于 1[218]。一般来说，NFI 值、CFI 值与 IFI 值大于 0.9 表明模型的适配度符合要求[214]，而 NNFI 值要大于 0.95。综合分析，本部分的适配度指数均在参考数值范围内，说明本章由假设组成的新模型与实际数据之间的一致性较高。

5.4.3　结构方程模型的假设检验

运用 AMOS 软件进行分析，得到模型中各个变量之间的关系及路径系数，见图 5.3。结构方程的路径分析包含变量之间的显著性、路径系数与 R^2 等。这些信息主要用于模型假设检验的判断。新构建模型的路径分析结果如下。

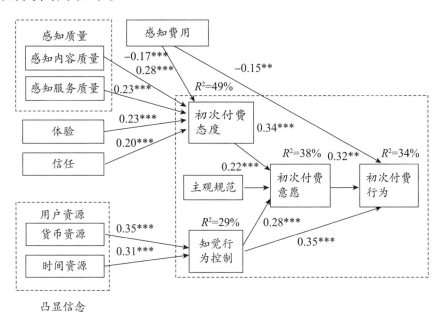

图 5.3　结构方程模型的路径分析结果

注：*** 代表路径关系以 $P < 0.001$ 的显著性水平显著；** 代表路径关系以 $P < 0.01$ 的显著性水平显著；* 代表路径关系以 $P < 0.05$ 的显著性水平显著。

（1）作为新构建模型因变量的初次付费行为，其解释度为 $R^2=34\%$，感知费用与初次付费态度的关系是（$\beta=-0.15$，$P<0.01$）；初次付费意愿与初次付费行为的作用关系是（$\beta=0.32$，$P<0.001$）；知觉行为与初次付费行为的关系是（$\beta=0.35$，$P<0.001$）。

（2）初次付费态度的解释度为 49%，感知费用与初次付费态度的关系是（$\beta=-0.11$，$P<0.001$）；感知内容质量、感知服务质量与初次付费态度的关系是（$\beta=0.28$，$P<0.001$）与（$\beta=0.23$，$P<0.001$）；体验、信任与初次付费态度的关系是（$\beta=0.23$，$P<0.001$）与（$\beta=0.20$，$P<0.001$）。

（3）初次付费意愿的解释度为 38%，初次付费态度与初次付费意愿的关系是（$\beta=0.34$，$P<0.001$）；主观规范与初次付费意愿的关系是（$\beta=0.22$，$P<0.001$）；知觉行为控制与初次付费意愿的作用关系是（$\beta=0.28$，$P<0.001$）。

（4）知觉行为控制的解释度为 29%，货币资源、时间资源与知觉行为控制的关系是（$\beta=0.35$，$P<0.001$）与（$\beta=0.31$，$P<0.001$）。

初次知识付费影响因素研究的结构方程模型对 7 组 13 个假设进行检验，所有变量之间的关系显著水平均在 0.05 以下，表明全部假设成立，见表 5.8。

表 5.8 结构方程模型检验结果分析表

编 号	变量之间的关系	标准回归系数	t 值（P）	检验结果
H1	初次付费意愿→初次付费行为	0.294	5.155（0.000）	支持
H2	初次付费态度→初次付费意愿	0.342	6.226（0.000）	支持
H3a	感知内容质量→初次付费态度	0.278	5.347（0.000）	支持
H3b	感知服务质量→初次付费态度	0.228	4.233（0.000）	支持

续表

编　号	变量之间的关系	标准回归系数	t 值（P）	检验结果
H3c	体验→初次付费态度	0.232	4.244（0.000）	支持
H3d	信任→初次付费态度	0.196	3.765（0.000）	支持
H4a	感知费用→初次付费态度	−0.166	−3.479（0.000）	支持
H4b	感知费用→初次付费行为	−0.150	−2.883（0.004）	支持
H5	主观规范→初次付费意愿	0.224	4.072（0.000）	支持
H6a	知觉行为控制→初次付费意愿	0.282	5.881（0.000）	支持
H6b	知觉行为控制→初次付费行为	0.345	6.178（0.000）	支持
H7a	货币资源→知觉行为控制	0.348	6.479（0.000）	支持
H7b	时间资源→知觉行为控制	0.313	5.878（0.000）	支持

注：$*P<0.05$，$**P<0.01$，$***P<0.001$。

5.4.4　共同方法偏差的检验

自我报告方法获取的数据容易出现共同方法偏差（common method biases，CMB）[219-221]。CMB 受到教育学、社会学、管理学等学科的广泛关注。CMB 较严重则会出现主题的一致性、社会性赞许、光环效应效应等问题。这些问题将会直接导致研究结果有效性降低，甚至偏离允许误差范围。CMB 来源于测量误差，属于系统误差。目前，主要有特质多法（multitrait-multimethods，MTMM）、标记变量技术（markervariable technique）与哈曼（Harman）的单因素检验方法用于分析一项研究是否存在 CMB[222]。其中，哈曼的单因子检验方法是探索性因素分析方法[222]，可有效分析 CMB 来源不明的问题，使得该方法得到较为普遍的应用[222]。在信息系统领域 CMB 高估了结果偏差应用的严重性，有必要进一步分析、验证[222]。总之，本小节采用哈曼的单因素检验 CMB 对结果的影响是否显著，见表 5.9。

表 5.9　总方差解释

组件	提取载荷平方和			旋转载荷平方和		
	总计	方差百分比 / %	累积 / %	总计	方差百分比 / %	累积 / %
1	11.719	28.583	28.583	3.141	7.660	7.660
2	2.472	6.029	34.612	3.090	7.536	15.196
3	2.227	5.431	40.042	2.999	7.315	22.512
4	2.117	5.163	45.205	2.984	7.279	29.790
5	1.907	4.652	49.857	2.866	6.990	36.781
6	1.765	4.306	54.163	2.365	5.769	42.550
7	1.636	3.990	58.153	2.336	5.697	48.246
8	1.580	3.853	62.006	2.316	5.650	53.896
9	1.551	3.783	65.789	2.264	5.523	59.419
10	1.509	3.680	69.470	2.236	5.455	64.873
11	1.347	3.284	72.754	2.230	5.438	70.312
12	1.165	2.841	75.595	2.166	5.283	75.595

注：提取方法——主成分分析。

5.5　结果分析与讨论

本节构建初次知识付费影响因素的理论模型，基于计划行为理论，以感知内容与服务质量、信任、体验、感知费用、时间资源与货币资源作为行为态度、主观规范与知觉行为控制的前置因素，分析用户为知识产品付费的心理产生的作用，进而探明初次付费行为影响因素及其关系，实证结果如下。

1. 初次知识付费主要受知觉行为控制的影响

从影响初次付费行为的变量关系来看：（1）初次付费意愿、知觉行为控制与初次付费行为正向显著相关，作用关系数值是（0.32***，0.35***），感知费用与初次付费行为负向显著相关，作用关系数值为 −0.15***。这 3 个变量对初次付费行为解释度为 34%，按照贡献大小依次是知觉行为控制 > 初次付费意愿 > 感知费用。初次付费意愿对初次付费行为影响弱于知觉行为控制，这与以往意愿是行为的主要决定因素的结论不符。这个问题的根源可能是个人的资源、机会对初次付费行为的作用更大，弱化了初次付费意愿对初次付费行为的影响。（2）感知费用对用户行为的负向作用成立，感知费用与初次付费意愿、知觉行为控制共同显著影响初次付费行为。这个结果说明，在知识付费情境中，知识产品或服务大多是要用户订阅或购买后才可使用，当用户对费用较为敏感的情况下，感知费用越高时，初次付费意愿越低。

2. 个人对初次付费行为的评价主要影响初次付费意愿

从研究结果来看，初次付费态度、知觉行为控制与主观规范与初次付费意愿的关系成立。初次付费态度、知觉行为控制与主观规范对初次付费意愿的作用用数值表示分别为：（0.34***，0.28***，0.22***），该结果是计划行为理论模型中变量之间最基本的作用关系。从结果来看，初次付费态度的贡献最大，主观规范的贡献最小。

3. 初次付费态度与感知质量、体验、信任及感知费用的关系

初次付费态度与感知质量、体验、信任及感知费用 4 个变量的关系得到实证检验。其中，感知质量分为感知内容质量、感知服务质量。感知质量、体验、信任均与初次付费态度正向显著相关，具体介绍如下：各变量对初次付费态度作用贡献大小依次为：感知内容质量（0.28***）> 感知服务质量（0.23***）= 体验（0.23***）> 信任（0.20***）。感知质量是感知

价值的重要表征，质量高表明知识产品价值更高，从而可产生积极的评价态度，进而转化为积极的初次付费态度的机会更大。

4.知觉行为控制与用户资源的关系

知觉行为控制与用户资源的关系得到实证支持，本书将用户资源分成货币资源与时间资源两种类型，二者对知觉行为控制的贡献依次为货币资源（0.35***）＞时间资源（0.31***）。货币资源具有两层含义：一是个人拥有的货币资产数额，二是个人用于购买虚拟产品的备用金。这个结果说明，一个人要为知识付费前，要先考虑自己有没有足够的资金，或用于这类消费的资金，在货币资源允许的条件下，即使个人没有时间，也有可能为知识产品初次付费。

总的来看，用户在某个知识付费平台为在线知识产品付费同时要考虑多个因素。要着重考虑的是为知识产品付费时所要支付的费用、投入的时间。与此同时，用户对知识付费平台及其产品的信任程度高时，初次付费的可能性更大。平台可以为新用户提供免费知识产品，当用户体验越好时，它们初次付费的可能性也会显著提升。无论付费后才能使用的知识产品，还是免费体验的知识产品，都应保证知识产品的高质量，用户越喜欢该平台的知识产品时，付费的可能性就越大。

5.6　小结

本章采用计划行为理论，构建了初次知识付费影响因素理论模型，结合文本分析与定量实证分析法，通过结构方程模型的分析，发现了影响初次知识付费的因素，包括感知内容质量、感知服务质量、体验、信任、感知付费、货币资源与时间资源、行为态度、知觉行为控制与主观规范。分析结果显示：首先，初次付费意愿、知觉行为控制与感知费用显著影响初次付费行为，其中初次付费意愿与知觉行为控制正向显著影响初次付费行为，而感知费用起到负向显著作用；其次，初次付费意愿受到初次付费态度、主观规范与知觉行为控制的正向显著影响，其中知觉行为控制经由初次付费意愿的部分中介作用正向显著影响初次付费行为；最后，通过开放式问卷法，归纳出初次付费态度与知觉行为控制的前置因素，即初次付费态度分别受到感知质量（感知内容质量与感知付费质量）、信任与体验的正向显著影响，而感知费用起到负向显著影响，同时知觉行为控制受到用户资源（时间资源与货币资源）的正向显著影响。

与现有研究相比，该研究重点揭示了，感知费用、货币资源、时间资源 3 个变量与初次知识付费的关系，其中感知费用负向显著影响知识付费；货币资源与时间资源均通过初次付费态度、知觉行为控制 2 个变量，间接正向显著影响初次知识付费（货币资源对知识付费的影响更大）。

仅弄清初次知识付费影响因素，还不足以回答哪些因素影响知识付费，只有进一步找到持续知识付费影响因素，才能系统地得到知识付费影响因素。

第6章　持续知识付费影响因素研究

由第 4 章的研究发现，初次知识付费及持续知识付费是不同的两个阶段。为了解决哪些因素影响初次知识付费的问题，第 5 章采用计划行为理论，对构建的初次知识付费影响因素理论模型进行了分析，初次在线知识付费影响因素包括感知费用、感知质量、体验、信任、用户资源、初次付费态度、主观规范与知觉行为控制变量。接下来要解决哪些因素影响持续知识付费的问题。经过对研究付费行为相关理论的分析及对比，发现持续理论是期望确认理论的拓展，是研究持续行为的核心理论。鉴于此，本章采用持续理论构建持续知识付费影响因素理论模型，通过调查问卷获取数据，运用结构方程模型法分析数据，验证假设，得出结果与结论。

6.1　理论基础

6.1.1　期望确认理论概述

期望确认理论（execpectation confirmation theory，ECT）也称为期望不确认理论（execpectation disconfirmation theory，EDT），其中确认（confirmation）与不确认（disconfirmation）是同一个概念的两种不同表述，二者的含义完全一致[124, 171]。本研究采用期望确认理论的表述方式。

Oliver 提出了期望确认理论。期望确认理论模型假设消费者的满意程度要通过 5 个步骤来衡量、确定[123]：第一步，用户根据之前购买的相同或相似产品的经验，形成最初的期望（expectation）；第二步，经过对已购产品或服务的使用体验积累了一定使用经验后，形成了对该产品或服务表现或绩效（performance）的感知；第三步，用户将第一步使用前的期望与使用后的表现进行比较，并找出二者的差异，即正向或负向确认（confirmation）。当表现高于期望，则为正向确认，反之为负向确认；第四步，若是正向确认表明用户对产品或服务满意（satisfaction）；若是负向确认表明用户对所使用的产品或服务不满意；第五步，满意的用户会形成重复购买意愿，见图 6.1。

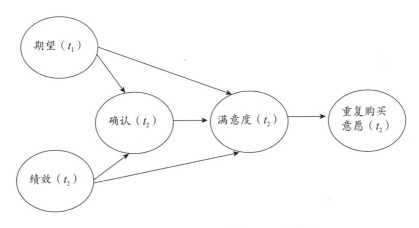

图 6.1　期望确认理论（ECT）模型

资料来源：Oliver 等（1980）。

6.1.2　技术接受模型概述

Davis 提出了技术接受模型。技术接受模型主要用于研究哪些主要因素影响个人接受信息系统技术的行为[122]。技术接受模型在认同理性行为理论模型中行为态度与行为意愿正向相关性的基础上，提出感知有用性与感知易用性共同解释行为意愿是最有效的[122]。在不同情境下，可适当增加感知有用性与感知易用性的前置因素（外部变量）。鉴于此，完整的技术理论模型包括两种变量：其一是感知有用性、感知易用性、接受意愿与接受行为；其二是外部变量。外部变量会随着研究情景改变而改变，见图 6.2。

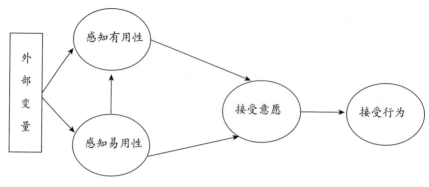

图 6.2　技术接受模型

资料来源：Davis（1989b）。

技术接受模型被提出的 30 年来，学者们不断将该理论模型应用到包括邮箱、群组软件、专业系统，语音邮箱、计算器、数值图书馆与健康系统等情境中，技术接受理论针对不同时间与特定的研究的可重复性与一般性仍很有优势。然而，技术接受模型并未引入理性行为理论模型中的主观规范，这导致技术接受模型无法解释某些现实问题[122]。产生这个问题的主要原因是主观规范包括人际因素与外在因素。其中人际因素包括个人周围的同事、朋友、家人，他们对个人行为意愿会有显著影响[187]。忽略主观规范与行为意愿的关系，将会减弱技术接受模型对个人行为的解释效果。直到 2000 与 2010 年，技术接受模型才引入主观规范构建了技术接受模型的拓展模型（TAM2 与 TAM3）。TAM2 与 TAM3 模型认为主观规范同时解释行为意愿与感知满意度[117-118]。在已有实证研究的基础上，TAM2 与 TAM3 模型对行为意愿的解释要好于技术接受模型[223]。总的来看，技术接受模型是在不断进步发展的。其一是增加了情境变量，提升了对个人行为的解释力；其二是沿用了感知有用性与感知易用变量。其中感知有用性是用于解释个人行为的主要因素。

6.1.3　持续理论概述

持续理论（expectation-confirmation model of information systems continuance，ECM-ISC）是期望确认理论的拓展理论。持续理论是以期望确认理论、技术接受模型作为理论基础的[123]，解释与预测信息系统采用后个人行为的理论模型。持续理论最早是由 Bhattacherjee 于 2001 年发表在 *MIS Quarterly* 期刊的 *Understanding Information Systems Continuance: An Expectation-Confirmationtion Model* 文章中提出，该理论模型整合了期望确认理论的满意度、期望确认与技术接受模型的感知有用性，构建持续使用意愿理论模型，经实证分析支持提出模型的全部假设[124]，见图 6.3。

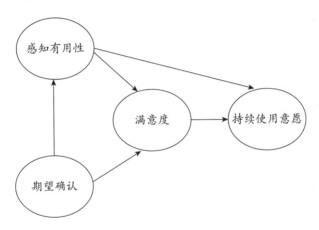

图 6.3　持续理论（ECM-ISC）模型

资料来源：Bhattacherjee（2001）。

持续理论模型的 4 个变量解释如下。

1. 满意度

满意度是一种态度，也是持续理论模型中影响持续使用意愿的主要决定因素[124, 159]。Bhattacherjee 基于期望确认理论，将满意度定义为"个人期望与可观察绩效之间对比而形成的一种积极的情感状态，是各种因素影响个人产生情感或态度的总和"[124]。经实证分析 Bolton 等认为满意度的程度越高，用户对信息系统的使用率越高[224]。

2. 感知有用性

感知有用性是指个人使用某一信息系统对使用者工作绩效的影响，有用性的感知不但对初始使用信息系统行为产生影响，也对持续使用行为产生显著影响[122]。满意度与感知有用性共同解释持续使用意愿。不过与感知有用性相比，二者的贡献大小尚无定论[225]。

3. 期望确认

期望确认理论假定个人满意度是由使用前的期望确认与使用后的期望确认共同决定的[226]。期望是指一个基线水平参考，确认是指个人预期期望的完成程度。确认与满意度正相关，确认表示用户使用达到预期收益，而不确认表示未能达到预期[124]。Bhattacherjee 等指出使用后不确认是指"使用者最初的期望与可观察到的绩效之间的不一致，不确认或许为正，或许为负，鉴于观察到的绩效是高于或低于最初的预期"[171]。

4. 持续使用意愿

在理性行为理论中，Fishbein 等认为行为意愿是行为的主要决定因素[113]。同样，持续使用意愿用于解释持续使用行为[124]。持续使用意愿是指个人初次使用信息系统技术后做出再次使用的意愿[124]。Bhattacherjee 等认为一个信息系统的成功是指个人通过使用该系统获得期望的收益，并愿意持续使用，个人持续使用在初次使用后才会发生[134]。

持续理论模型最早用于研究哪些因素影响持续使用意愿，而非持续使用行为。由于意愿是解释行为的主要决定因素，持续理论模型也用于研究持续使用行为。后来学者基于持续理论模型，针对各种不同情境，构造持续理论模型的拓展模型，见图 6.4。

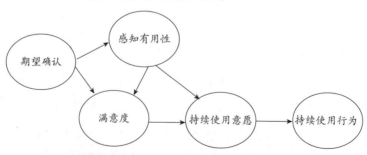

图 6.4 持续理论模型的拓展模型

6.2　变量及假设提出

本章构建的持续知识付费影响因素理论模型，共有 7 个潜变量，知识付费情境下对其的定义见表 6.1。

表 6.1　持续知识付费理论模型中的潜变量定义

潜变量	定义	参考文献
满意度	个人对需求的期望与实际使用过程对比后引起的积极情感状态	Bhattacherjee[124]
感知有用性	个人相信使用付费平台会提高他 / 她的工作或学习表现	Davis[115]
期望确认	个人使用知识付费平台的期望与实际表现之间一致性被确认的程度	Bhattacherjee[124]
感知易用性	个人对使用知识付费平台难易程度的感受	Davis[122] Thong et al.[174]
感知娱乐性	个人相信使用知识付费平台会提高他 / 她的愉悦感	Oghuma[227]
持续付费意愿	个人预计以后会再次为知识产品付费的程度	Bhattacherjee et al.[124]
持续付费行为	个人在一段时间内，继续为知识产品付费，并实现一种稳定的使用关系	Limayem et al.[140]

6.2.1　感知有用性

感知有用性、满意度两个变量是解释与预测持续意愿的两条主要路径，二者的作用大小并不确定，仍存在争议：一类结论认为满意度对持续使用意愿的贡献低于满意度；另一类结论认为满意度对持续使用意愿的贡献高于感知有用性[124, 174]，也有实证发现感知有用性与满意度之间的关系并不显著[23]。在持续理论模型中，感知有用性是指个人过去实际使用经验对有用性的主观感受[173]。在学习平台、社交网络服务、问答平台、阅读平台、电子商务等特定情境中，感知有用性与持续意愿的关系得到普遍认可，针对知识付费情境的研究也得到相同的结论[101]。个人在知识付费平台上的使用经历被认为对继续使用该平台有帮助，有助于提升个人持续付费意愿[88]。当个人使用付费产品的经历越丰富，则越容易继续付费。鉴于此，提出以下假设。

H8a：感知有用性正向显著影响持续付费意愿。

H8b：感知有用性正向显著影响持续付费行为。

H8c：感知有用性正向显著影响持续满意度。

6.2.2 满意度

在消费行为领域，满意度是指个人消费后感知绩效与消费前期望差异的整体感受之间的差距[228]。满意度是一种态度，属于情感因素。满意度和态度之间最主要的区别在于时间点的选择，态度是一种预先决定的感受，而满意度是一个使用后的评价感受[123]。有学者认为满意度解释持续使用意愿的贡献比感知有用性大[124, 134, 173, 227]。有关网络社区问答平台的研究认为，满意度直接显著影响行为[156]。在期望确认理论模型中，满意度正向显著影响重复购买意愿[123]。范建军认为知识付费平台的满意度对用户体验有积极作用。个人对在线付费平台的满意度越高，持续付费意愿也越高[88]。鉴于此，提出以下假设。

H9a：满意度正向显著影响持续付费意愿。

H9b：满意度正向显著影响持续付费行为。

6.2.3 期望确认

期望分成产品或服务的期望、获得努力的期望、社会利益或成本的期望3种类型，低期望或高绩效导致确认，高期望或低的绩效产生不确认。不确认是由个人之前的期望与实际绩效之间的差异产生的，这是确认效应大或小导致满意或不满意的主要原因之一。期望确认与满意度、感知有用性的作用关系得到大量实证研究的支持[124, 141]。李武等认为个人会将评估期望被确认的程度作为重复购买意愿的主要决定因素[153]。知识付费平台上个人对知识产品的期望得到确认，无论工作或学习得到提升都会提高个人对知识产品有用性的感知，也会增加个人对平台的满意度。当个人对期望产生不确认时，工作或学习未达到期望值，则会降低对知识产品有用性的感知，也会降低个人的满意度。鉴于此，提出以下假设。

H10a：期望确认正向显著影响满意度。

H10b：期望确认正向显著影响感知有用性。

6.2.4　感知易用性

感知易用性与感知有用性、满意度的关系仍存在争议。2000 年，Venkatesh 等在 *Mis Quarterly* 期刊上发表了一篇文章，指出感知易用性对用户使用意愿存在显著影响[117]，Premkumar 等在学生计算机教程使用行为研究中也通过实证给出相同的结论[173]，但 Bhattacherjee 经实证研究给出不一致的结论，认为感知易用性均为非理性行为选择下的影响因素，只对用户最初的使用产生影响，随着用户这些应用设备的使用，感知易用性的影响会逐渐减弱，将其作为用户行为的一般变量解决现实问题的局限性较大[173]。Lee 等指出感知易用性显著影响满意度[145]，Thong 等持相同观点[174]，不过该结论是否仍然存在与 Bhattacherjee 相同的疑问。如今互联网与移动互联技术的快速发展，用户使用各类应用的学习难度随之降低，相同类型的应用竞争十分激烈，如知识付费类的应用就有几十家，用户不仅关注知识产品的质量，对产品所依托的网站界面等功能要求也越来越高，方便、易用是各类应用基本要求，用户对易用性的感知强弱不断地促使知识付费平台优化系统，以持续不断地满足用户的需求。鉴于此，提出以下假设。

H11a：感知易用性显著影响感知有用性。

H11b：感知易用性显著影响满意度。

6.2.5　感知娱乐性

在特定情境下，感知娱乐性与满意度的关系经实证检验成立[227]。然而，有些研究的结论不支持它们二者相关的结论[152]。知识付费产业主要是由企业运营的，在保证为用户提供优质内容前提下，同时兼顾"好玩、有料"等特点，融入游戏场景，用户会感受到知识付费应用的有用性，同时满意度也会得到显著提升，从而显著影响用户继续为知识付费[209]。然而，当前传统教育模式仍然是老师教授知识为主，获取知识途径与方式过于单一，仅仅模仿这种传播知识的方式难以维系知识付费的发展，一些知识付费平台试图打破这种知识传播模式，所以成立了兴趣小组，并举办线上活动，既往经过验证的关系在知识付费情境中发生了明显的变化，由此，提出以下假设。

H12a：感知娱乐性正向显著影响付费意愿。

H12b：感知娱乐性正向显著影响感知有用性。

H12c：感知娱乐性正向显著影响满意度。

根据以上提出的假设，在第 5 章的基础上，构建知识付费影响模型，见图 6.5。

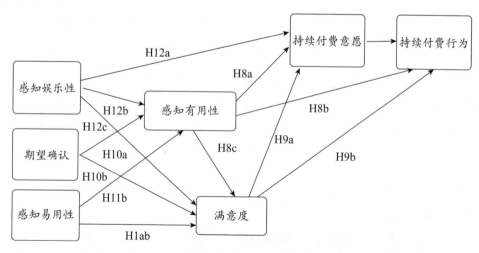

图 6.5　持续知识付费影响因素理论模型

6.3　测量量表开发、数据收集与样本情况

6.3.1　测量量表开发

这里运用李克特 7 级量表测量调查问卷进行开发。测量量表的各个问题均引自正式发表在国外期刊文章的成熟题项，笔者翻译后并请英语专业人士校正，对初稿的校审步骤不再重复介绍。为提高本部分开发的质量，选取已为知识产品付费的 10 位用户进行填写问卷预实验，然后根据反馈再次修正。最终版的调查问卷共有 12 个潜变量，共计 23 个题项，潜变量及其测度情况，见表 6.2。

表 6.2　潜变量及其测度情况

潜变量	测量的主干问题	问题数	参考文献
满意度	使用知识付费平台的知识产品的整体感觉是？	4	Oliver[226]
感知有用性	使用知识付费平台的知识产品会提高我的工作/学习表现？	4	Bhattacherjee[124]
期望确认	使用知识付费平台的知识产品/服务与付费前的预期一致吗？	3	Oliver[123]
感知易用性	知识付费平台容易使用吗？	3	Davis[122] Thong et al.[174]
感知娱乐性	使用知识付费平台会让你感到愉快吗？	3	Oghuma et al.[227]
持续付费意愿	有愿意持续为知识付费平台的知识产品付费吗？	3	Bhattacherjee[124]
持续付费行为	用户在一段时间内，会多次为知识产品付费，并实现一种稳定使用关系吗？	3	Limayem et al.[140] Yoon et al.[148]

6.3.2 数据收集与样本情况

数据收集包括量表的发放、回收与整理。

1. 问卷发放

利用"问卷星"平台制作调查问卷，使用该平台的专业服务发放问卷。在"问卷星"平台制作的调查问卷跨平台分享兼容性更好，可转发到微信、QQ等各大社交媒体平台。特别是，"问卷星"平台免费版的功能同样很专业，可以满足常规科研需求，有助于降低成本与提高科研效率。调查问卷的投放地点是以微信群为主，微信朋友圈、QQ与微博等社交媒体为辅。这是因为笔者1年前已加入8个知识付费微信群：5个群人数达500，其他3个群的群人数分别为325、390与410，共计3625，群里都是有过知识付费经历的"群友"。在这些微信群里，"群友"有共同的话题交流，活跃用户比例非常高。最初，笔者采用1对1方式将调查问卷发放给50位受调查者，这些受调查者主要是笔者微信好友。

2. 调查问卷的回收与整理

为了保证问卷的有效性，在此过程中，按以下要求进行筛选问卷：①剔除未为知识产品付费的受调查者；②剔除受调查者不足5分钟完成的问卷；③受调查者已完成问卷的答案高度一致，表明受调查者随意填写问卷的可能性比较大，同样将这些问卷剔除。20天后，总共收集到534份问卷，其中424份是有效问卷，合格率为79.7%。

3. 有效问卷的统计描述

（1）受调查者的性别分布。男女比例相差不大，男士（221人，52.1%）、女士（203人，47.9%）。

（2）受调查者年龄分布。小于或等于19岁（25人，5.9%）、20～29岁（142人，33.5%）、30～39岁（121人，28.5%）、40～49岁（98人，23.1%）、大于或等于50岁（38人，9%）。其中，40岁以下的受调查者占比67.9%，与CNNIC发布的第46次中国网民年龄比例基本一致。

（3）受调查者的学历分布。专科及以下（72 人,17%）、本科（321 人, 75.7%）、研究生（31 人,7.3%）,其中本科及以上受调查者占比 80% 以上, 表明高学历的知识付费用户占比较高。

6.4　数据分析与检验

6.4.1　信度与效度检验

持续付费行为验证性因子分析结果，包括因子载荷、CR、AVE 以及 Cronbach Alpha，见表 6.3。Anderson 等提出因子载荷评估数值在 0.5 ~ 0.7 范围内，表示可接受，0.7 以上为理想[229]，这里该参数均超过 0.7，表示理想，说明聚合程度高；Hair 等认为 CR 值在 0.6 ~ 0.7 范围内，表示可接受，大于 0.7 时，表示理想[217]。这里每个潜变量的 CR 值在 0.812 ~ 0.902 范围内，均超过 0.7 时，表示理想，说明各个潜变量的内部一致性均符合信度与收敛效度的标准；Fornell 等指出 AVE 值在 0.36 ~ 0.5 范围内，表示可接受，当大于 0.5 时表示理想[230]。每个潜变量的 AVE 值在 0.577 ~ 0.697 范围内，均超过 0.5，表示理想，说明本章新构建的模型具有较好的信度与收敛效度；Robinson 等提出潜变量的 Cronbach Alpha 大于 0.7，表示量表的信度可接受[231]。这里每个潜变量的 Cronbach Alpha 值在 0.811 ~ 0.851 范围内，均超过 0.7，表示可接受。综上所述，测量量表的信度与效度符合标准。

表 6.3　持续知识付费验证性因子分析结果

潜变量	项　　目	因子载荷	CR	AVE	Cronbach Alpha
满意度（SAT）	SAT1	0.764	0.869	0.624	0.853
	SAT2	0.823			
	SAT3	0.808			
	SAT4	0.763			

续表

潜变量	项　目	因子载荷	CR	AVE	Cronbach Alpha
感知有用性（PU）	PU1	0.811	0.902	0.697	0.901
	PU2	0.789			
	PU3	0.906			
	PU4	0.828			
期望确认（EC）	EC1	0.739	0.872	0.631	0.861
	EC2	0.820			
	EC3	0.738			
感知娱乐性（PP）	PP1	0.763	0.891	0.603	0.889
	PP2	0.829			
	PP3	0.734			
感知易用性（PUE）	PEU	0.837	0.882	0.653	0.878
	PEU	0.847			
	PEU	0.786			
持续付费意愿（PI）	CI1	0.866	0.877	0.705	0.866
	CI2	0.786			
	CI3	0.864			
持续付费行为（PB）	CB1	0.834	0.825	0.612	0.822
	CB2	0.729			
	CB3	0.780			

潜变量内部与潜变量之间区分度不理想时，横向与纵向的数值大于对角线的数值；当潜变量内部与潜变量之间区分度理想时，横向与纵向的数值小于对角线的数值，结果见表6.4。这里的分析数据符合要求。

表 6.4　潜变量与 AVE 平方根的相关系数

潜变量	Mean	S.Dev	PEU	PP	EC	PU	SAT	PI	PB
PEU	4.66	1.49	0.77	—	—	—	—	—	—
PP	4.78	143	0.40	0.81	—	—	—	—	—
EC	4.75	1.47	0.31	0.15	0.77	—	—	—	—
PU	5.05	1.48	0.32	0.28	0.44	0.83	—	—	—
SAT	4.71	1.57	0.43	0.27	0.42	0.37	0.79	—	—
PI	4.89	1.37	0.33	0.23	0.47	0.55	0.62	0.84	—
PB	4.21	1.73	0.19	0.13	0.21	0.31	0.35	0.57	0.81

6.4.2　结构方程模型的适配度检验

运用 AMOS 软件分析结构方程模型的适配指标分为以下两类。

1. 绝对适配统计量

绝对适配统计量包含 3 个指标。

（1）卡方与自由度比值（ $=X2/df$ ），该比值越大，表明适配度越差。这里的卡方与自由度比值为 1.116 大于 1，表明模型可接受。

（2）RMSEA，即近似误差均方根，RMSEA 值数值小于 0.05，表示模型的适配度理想[217]，有学者提出其数值小于 0.08 时，表示可接受[217]，当其值取 0 时，表示新构建的模型最适配。这里的 RMSEA 值是 0.017，小于 0.05 表明适配度较优。

（3）GFI，即适配度指数。GFI 值在 0 ~ 1 范围内，其数值越大表示由假设组成的模型与实际数据的配适度一致程度越高，达到 1 时，模型的适配度最佳。一般来说，GPI 大于 0.9 表示模型的适配度符合要求[227]，这里数值为 0.921，说明符合要求。

2. 增值适配统计量

增值适配度统计量包含以下 4 类指标：NFI、NNFI、CFI 与 FI。

NNFI 又称为 TLI，是 NFI 的修正指标，而 CFI 是 NFI 的一种改良指标。NFI 值、NNFI 值、IFI 值与 CFI 值在 0～1 范围内[218]，其数值越大表示由假设组成的模型与实际数据的配适度一致程度越高，达到 1 时，模型的适配度最佳，但是 NNFI 值、IFI 值与 CFI 值可能大于 1[218]。一般来说，NFI 值、NNFI 值、IFI 值与 CFI 值大于 0.9 表明模型的适配度符合要求[214]，但也有要求 NNFI 大于 0.95 的。总之，上述有关适配度指标数值满足评估标准，说明新构建的理论模型与搜集到的问卷数据结果具有较高的一致性，为下文的结构方程路径与检验分析提供有效性保证。

6.4.3 结构方程模型的假设检验

本章构建的理论模型符合适配度评估标准，结构方程模型的路径系数等信息，见图 6.6。结果描述如下：持续付费行为作为因变量，其解释度为 37%。付费意愿正向显著影响持续付费行为（$\beta=0.31$，$P<0.001$），感知有用性正向显著影响付费行为（$\beta=0.30$，$P=0.043<0.05$），满意度与持续付费行为相关性不显著（$\beta=0.09$，$P=0.163>0.05$）；持续付费意愿作为新构建模型的因变量，其解释度为 50%。感知娱乐性与付费意愿的作用关系用数值表示：（$\beta=0.17$，$P<0.001$），满意度、感知有用性与持续付费意愿的作用关系用数值表示：（$\beta=0.33$，$P<0.001$）、（$\beta=0.25$，$P<0.001$）；满意度的解释度为 28%，感知有用性、期望确认、感知娱乐性与感知易用性与满意度的作用关系用数值表示：（$\beta=0.36$，$P<0.001$）、（$\beta=0.36$，$P<0.001$）、（$\beta=0.08$，$P=0.253>0.05$）与（$\beta=0.27$，$P<0.001$）；感知有用性的解释度为 25%，期望确认、感知娱乐性、感知易用性与感知有用性的作用关系用数值表示：（$\beta=0.33$，$P<0.001$）、（$\beta=0.17$，$P<0.001$）与（$\beta=0.31$，$P<0.001$）。

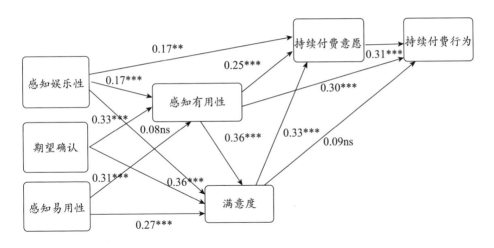

注：*** 代表路径关系以 $P < 0.001$ 的显著性水平显著；** 代表路径关系以 $P < 0.01$ 的显著性水平显著；* 代表路径关系以 $P < 0.05$ 的显著性水平显著。

图 6.6 持续知识付费影响因素结构方程模型

通过结构方程对数据进行检验分析得到，持续知识付费理论模型的 12 个假设全部成立，见表 6.5。

表 6.5 结构方程模型检验结果

编 号	潜变量之间的关系	标准回归系数	t 值（P）	检验结果
H8a	感知有用性→付费意愿	0.245	4.887（0.000）	支持
H8b	感知有用性→付费行为	0.435	3.247（0.000）	支持
H8c	感知有用性→满意度	0.209	3.656（0.000）	支持
H9a	满意度→付费意愿	0.332	6.747（0.000）	支持
H9b	满意度→付费行为	0.399	6.627（0.09）	不支持
H10a	期望确认→感知有用性	0.331	5.891（0.000）	支持
H10b	期望确认→满意度	0.357	5.667（0.000）	支持
H11a	感知易用性→感知有用性	0.340	6.775（0.000）	支持
H11b	感知易用性→满意度	0.567	9.346（0.000）	支持
H12a	感知娱乐性→付费意愿	0168	3.370（0.000）	支持

续表

编　号	潜变量之间的关系	标准回归系数	t值（P）	检验结果
H12b	感知娱乐性→感知有用性	0.099	2.081（0.037）	支持
H12c	感知娱乐性→满意度	0.116	2.024（0.08）	不支持

6.5　结果分析与讨论

（1）感知有用性、满意度、感知娱乐性与持续付费意愿显著相关，它们解释与预测持续知识付费意愿的贡献大小依次为满意度（0.33***）>感知有用性（0.25***）>感知娱乐性（0.21***）。这个结果说明，个人要为知识产品持续付费，不仅要考虑再次付费的知识产品给自己带来多少快乐，以及使用这个产品后能否给自己的工作或学习带来帮助，更要考虑之前购买的知识产品满足自己需求或欲望的程度。满意度对持续付费意愿的影响最大，这与期望确认理论的结论一致。这说明满意度可以用于解释重复购买意愿或持续付费意愿。

（2）感知有用性、持续付费意愿分别与持续付费行为显著相关，解释与预测付费意愿的贡献大小依次为持续付费意愿（0.31***）>感知有用性（0.30***），满意度与持续付费行不存在显著相关性。这个结果说明，与意愿决定行为的关系不同，在知识付费情境中，持续付费意愿、感知有用性对持续付费行为的作用大小几乎相同。个人持续为知识产品付费不仅受到个人意愿的影响，同时受到知识产品有用性的影响。这个结论也解释了"得到"App这类知识付费平台的持续付费的用户不断攀升的原因。

（3）期望确认、感知娱乐性、感知易用性与感知有用性显著相关，解释与预测感知有用性的贡献依次是期望确认（0.33***）>感知易用性（0.31***）>感知娱乐性（0.17***）。从该结果来看，个人付费后使用知识产品的效果达到付费前的预期，这样增加了他/她对知识产品有用性感知的程度。同时，个人对知识付费平台有用性的感知也受到知识付费平台易用，以及知识产品"好玩，有料"的共同影响。一般来说，感知易用性是初次使用的影响因素，随着使用的次数增加，易用性的作用会逐渐减弱，直至忽略不计。但在知识付费情境中，由于这类平台发展起步较晚，界面、交互等技术还在逐步完善中，尤其一些知识付费平台是在"微信公众号"或"微信小程序"上运营的，不像在"得到"App、知乎与喜马拉雅 FM 等独立 App 上使用方便。这些都有可能阻碍用户持续为知识付费，以及继续留在知识付费平台。

（4）期望确认、感知易用性与满意度显著相关。解释与预测满意度的贡献依次是期望确认（0.36^{***}）＞感知易用性（0.27^{***}），而感知娱乐性与满意度无相关性。该结果说明，个人付费后使用知识产品的效果达到付费前的预期，同时知识付费平台容易操作，易于发现自己喜爱的知识产品，都会增加个人对知识产品的满意度。但个人对知识付费娱乐性的感知不会影响他的满意度。

本章研究结果有两点需要强调：其一，感知易用性对持续知识付费的积极作用得到实证支持。在理论研究中，感知易用性会随着用户使用信息系统次数的增加，对持续使用的影响会逐渐减弱。然而，知识付费平台的快速发展和普遍应用，用户对信息系统的评价在很大程度上会影响持续付费。例如，"得到"App 中知识产品质量极高，用户付费持续攀升，成为业内争相模仿的典范，但是 App 功能设计普通，用户体验较差，当大量相似平台出现时，用户持续付费意愿降低。于是近两年，"得到"App 不断更新：优化用户界面和功能设置，提升使用体验，用户付费才开始不断增多。计划行为理论主要用来解释用户初次付费，这是因为此时的用户更关注于知识内容本身；而持续理论主要用来解释持续付费，持续付费和对平台功能、设置等信息系统的评价有关。其二，满意度与持续付费行为的关系不显著。在期望确认理论模型中，满意度用来解释重复购买意愿。同样的，在最初的持续理论模型中，满意度用来解释持续付费意愿。在理性行为理论模型中，意愿是解释行为的主要变量。在本书中，满意度与行为的关系不成立，但是在 Bhattacherjee 的研究中，满意度正向显著影响行为。这说明当用户对知识付费平台很满意时，也可能不再为知识产品持续付费。用户的忠诚度较低有可能导致该结果。当前知识付费平台"爆发式"增长，竞争异常激烈，尤其人们早已习惯免费获取网络内容，致使众多用户会不计成本地寻找替代付费的免费产品。

6.6 小结

本章研究了影响持续知识付费的因素。采用持续理论，构建持续知识付费影响因素理论模型，运用结构方程模型法，实证检验了所提出的全部假设。研究阐释了满意度、感知有用性、感知娱乐性、感知易用性、期望确认知识付费的关系，结果显示：首先，持续付费意愿与感知有用性正向显著影响持续付费行为，而满意度与持续使用意愿关系不显著。其次，持续付费意愿受到感知有用性、满意度、感知娱乐性的正向显著影响，其中满意度的影响最大；然后，感知有用性、期望确认与感知易用性一同解释满意度，其中感知有用性的影响最大。最后，感知娱乐性、期望确认与感知易用性一同解释感知有用性，其中期望确认的影响最大。

第7章　调节及中介变量对知识付费影响研究

第6章采用持续知识付费理论，结合知识付费情境，构建持续知识付费影响因素理论模型，得到满意度、感知有用性、期望确认、感知易用性与感知娱乐性这些变量来共同解释持续付费。在理论上将付费行为分为初次付费及持续付费，分别研究了初次知识付费影响因素及持续在线知识付费影响因素，但实际上人们在消费过程中并没有明确界定，再者，人是复杂的个体，消费意愿会随时因某事发生变化，所以有必要将初次知识付费与持续知识付费整合起来，有针对性地加入调节变量，更有效地解释用户行为，更完整地得出知识付费影响因素，来弥补当前研究仅侧重初次或持续知识付费影响因素的不足。

随着互联网的蓬勃发展，网络信息急剧增长，用户对快速获取优质信息的需求日益增强。于是，出现了许多提供专业优质内容的在线知识平台。当在线知识平台由免费变为收费时，用户长期存在的免费意识在一定程度上会抑制知识付费，但抑制机制尚不知晓，本章尝试从这方面做研究。

7.1　变量及假设提出

7.1.1　免费意识

长期以来，内容提供方为了吸引用户，提供免费邮箱、免费存储空间、免费软件等各种产品或服务，用户从网络上获取免费内容早已形成习惯，大多数人不愿为互联网内容付费[232]。网络上所有东西都是免费的思想逐渐根植于心，许多在线服务提供商也在不断强化"免费"理念，这种理念被称为"免费意识"（free mentality）。但是随着网络上的信息量越来越大，用户对获取精准、优质内容的需求就越来越迫切，知识付费越普及，免费与付费的博弈也越加激烈。《华尔街》最早通过经营"付费墙"盈利，创造了可观的营收，但受到用户免费意识的限制，依然存在与高质量免费内容的竞争的情况。当免费产品或服务转向付费时，免费意识对人们的付费态度与付费意愿产生强烈的影响。当内容产品从个性化、易用性、可寻性、解释性、即时性等方面提升价值时，用户免费意识会增强用户付费意愿程度[228]。知识付费平台中，若用户使用免费产品能提高工作表现，那么付费意愿也会提升[131]。也有学者认为用户为知识付费意愿较低是免费意识较强所致，韩煜东认为免费意识是负向显著影响付费意愿的影响因素[62]。Niemand 以零价格效应为基础，对以大学生为受调查者的问卷进行分析，发现比付费感知到的价值要高的免费服务或产品正向显著影响用户的付费意愿。

免费意识负向显著影响付费意愿。Kelsy 在调查报告中指出，已订阅付费内容的用户中 70% 不再续订，42% 的用户知道产品或服务价格后才决定是否续订[233]，用户如果发现其他平台的同类产品价格更低，可能会选择价格更低的平台付费，放弃之前的平台[234]，这些都是免费意识对持续付费意愿的影响。基于前景理论可进一步理解免费意识对持续付费意愿的影响，互联网用户已形成免费获取网络内容的意识，即持续"得"的状态。虽然有时在线内容有价值且用户也愿意付费，但是没有实际付费行为，付费会让用户产生"失"的感受，用户便会规避风险。倘若用户已为在线产品 / 服务付费，并且感知到了产品 / 服务的价值，一旦提高价格，用户"失"的感知会变低，就会选择投入更高的成本继续付费购买所需要知识内容。不过经过一段时间用户对价格会逐渐敏感，对内容或服务价值的感受也就会逐渐减弱，以致"失"的感知持续存在，从而影响知识付费用户的持续付费意愿。用户感受到知识付费平台的产品或服务，虽然期望的有用性与满意度得到了确认，但却受到免费意识的影响，用户继续为知识付费意愿仍然较低，免费意识对内容质量与付费意愿起到负向调节作用得到检验支持。鉴于此，提出以下假设。

H13：免费意识正向显著影响付费意愿。

H14：免费意识调节满意度与付费意愿之间的关系。免费意识越弱，满意度对付费意愿的正向影响越大。

H15：免费意识调节感知有用性与付费意愿之间的关系。免费意识越弱，感知有用性对付费意愿的正向影响越大。

7.1.2　主观规范

计划行为论理论认为主观规范与行为意愿、知觉行为控制共同决定行为意愿[113, 187]。技术接受模型并未研究主观规范与付费意愿的关系[122, 148]。Venkatesh 提出技术接受模型的拓展模型（TAM2）实证分析得到，在主观规范调节变量的作用下，感知有用性与行为意愿并不稳定的作用关系得到更合理的解释[117]，Schepers 支持该结论[17]，不过 Yi 的研究并不支持该结论[130]。在网络环境中，从人口统计学特征来看，用户年龄分布来看，39 岁以下的网民占总网民的 60% 以上，年轻群体对有用的知识较为敏感，群体中的个体付费程度也更容易受其周围朋友、家人、同事看法或选择的影响。鉴于此，提出以下假设。

H16：主观规范在感知有用性与付费意愿之间起到正向调节作用。主观规范越强，感知有用性对付费意愿的正向影响越大。

7.1.3　付费意愿

行为意愿是一个人想要实施或采取行动的动机因素[235]，可用于衡量用户采取某种行为意愿的参与程度[187]。计划行为理论认为行为意愿决定行为，同时是消费者最终的行为倾向。然而，也有研究并未得到意愿与行为相关性的结论，Sniehotta 等对理性行为理论相关研究发现，只采用行为意愿这种单一变量解释与预测行为的结果并不理想[236]。并且，Sheppard 等将理性行为理论与计划行为理论以往的实证研究利用元分析法分析后，将计划行为理论模型中的行为划分成活动行为、目标行为和选择行为 3 种类型，其中，行为活动与行为意愿的作用最弱[237]。知觉行为控制、付费意愿与付费行为 3 个变量之间经实证验证也存在两种关系：①知觉行为控制在付费意愿与付费行为之间起到调节作用，即知觉行为控制充当了调节变量；②知觉行为控制经由付费意愿充当了中介变量，起到间接影响付费行为的作用。鉴于此，提出以下假设。

H17：知觉行为控制的水平提高导致行为意愿对行为的影响加强。

H18：知觉行为控制经由付费意愿间接影响知识付费用户的付费行为。

构建的知识付费影响因素综合模型，见图 7.1。本章依据第 4 ~ 5 章，在计划行为理论、持续理论基础上，进一步引入免费意识。同时探讨第 4 章的主观规范、知觉行为控制、付费意愿模型中的调节作用、中介作用。

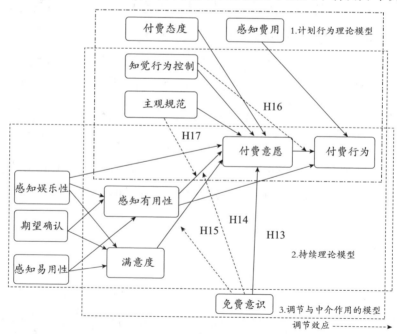

图 7.1　知识付费影响因素综合模型

7.2 测量量表的开发、数据收集与样本情况

7.2.1 测量量表的开发

本章调查问卷中的问题均采用李克特 7 级量表设计，在第 4 章与第 5 章基础上，引入一个免费意识潜变量，见表 7.1，共计 21 个题项。

表 7.1 潜变量及其测度情况

潜变量	测量的主干问题	问题数	参考文献
免费意识	我认为所有知识付费平台的知识产品应免费获得？	3	Lin et al.[68]
主观规范	您认为很重要的人会影响您为知识产品付费吗？	3	Liao et al.[212]
知觉行为控制	促进或阻碍您为知识产品付费的资源或机会？	3	Taylor et al.[125]
感知有用性	使用知识付费平台的知识产品会提高我的工作 / 学习表现？	3	Bhattacherjee[124]
满意度	使用知识付费平台的知识产品的整体感觉是？	3	Oliver[226]
付费意愿	过去 30 天，我打算在知识付费平台为知识产品付费？	3	Pavlou et al.[61]
付费行为	过去 30 天，我在知识付费平台为知识产品付费？	3	Pavlou et al.[61]

7.2.2 数据收集与样本情况

数据收集分成量表的发放、回收与整理 3 个阶段。共收集到 525 份问卷，有效问卷 325 份。有效问卷的受调查者统计描述：(1) 受调查者的性别分布。男女比例相差不大，男士（172 人，52.9%）、女士（153

人，47.1%）；受调查者年龄分布。小于或等于 19 岁（22 人，6.7%）、20 ～ 29 岁（81 人，24.9%）、30 ～ 39 岁（113 人，34.8%）、40 ～ 49 岁（84 人，25.9%）、大于或等于 50 岁（20 人，6.2%）。其中，40 岁以下的受调查者所占比例为 66.4%，与 CNNIC 发布的第 46 次中国网民年龄的报道基本一致。（2）受调查者的学历分布。专科及以下（77 人，23.3%）、本科（199 人，62.5%）、研究生（49 人，14.2%）。

7.3　数据分析与检验

7.3.1　信度与效度分析

付费行为验证性因子分析结果，包括因子载荷、CR、AVE 以及 Cronbach Alpha，见表 7.2。Anderson 等提出因子载荷评估数值在 0.5 ～ 0.7 范围内，表示可接受，0.7 以上表示理想[229]，在这里该参数数值均超过 0.7，表示理想，说明聚合程度高；Hair 等认为 CR 值在 0.6 ～ 0.7 范围内，表示可接受，大于 0.7 表示理想[217]，在这里该参数的数值均超过 0.7，表示理想，说明潜变量的内部一致性均符合信度与收敛效度的标准；Fornell 指出 AVE 在 0.36 ～ 0.5 范围内，表示可接受，当大于 0.5 时，表示理想[230]。每个潜变量的 AVE 值在 0.604 ～ 0.697 范围内，均超过 0.5，表示理想，说明本章新构建的模型具有较好的信度与收敛效度；Robinson 等提出潜变量的 Cronbach Alpha 大于 0.7，表示量表的信度可接受[231]。本部分潜变量的 Cronbach Alpha 值在 0.853 ～ 0.901 范围内，均超过 0.7，表示可接受。综上所述，测量量表的信度与效度符合标准。

潜变量内部与潜变量之间区分度不理想时，横向与纵向的数值大于对角线的数值；而当潜变量内部与潜变量之间区分度理想时，横向与纵向的数值小于对角线的数值，结果见表 7.3。

表 7.2　付费行为验证性因子分析结果

潜变量	项　目	因子载荷	CR	AVE	Cronbach Alpha
免费意识（FM）	FM1	0.835	0.897	0.624	0.889
	FM2	0.880			
	FM3	0.873			
感知有用性（PU）	PU1	0.851	0.821	0.673	0.801
	PU2	0.869			
	PU3	0.816			
满意度（SAT）	SAT1	0.734	0.851	0.649	0.893
	SAT2	0.723			
	SAT3	0.834			
主观规范	SN1	0.810	0.872	0.631	0.869
	SN2	0.776			
	SN3	0.796			
知觉行为控制（PBC）	PBC1	0.834	0.882	0.607	0.854
	PBC2	0.846			
	PBC3	0.778			
付费意愿（PI）	PI1	0.764	0.843	0.651	0.832
	PI2	0.768			
	PI3	0.855			
付费行为（PB）	PB1	0.761	0.858	0.669	0.857
	PB2	0.790			
	PB3	0.849			

表 7.3　潜变量与 AVE 平方根的相关系数

潜变量	Mean	S.Dev	FM	PBC	SN	PU	SAT	PI	PB
FM	4.57	1.32	0.66	—	—	—	—	—	—
PBC	4.64	155	0.49	0.79	—	—	—	—	—
SN	4.65	1.41	0.44	0.25	0.74	—	—	—	—
PU	4.25	1.54	0.37	0.34	0.36	0.79	—	—	—
SAT	5.21	1.43	0.39	0.31	0.42	0.43	0.81	—	—

续表

潜变量	Mean	S.Dev	FM	PBC	SN	PU	SAT	PI	PB
PI	5.11	1.44	0.28	0.35	0.41	0.49	0.52	0.77	—
PB	4.43	1.52	0.22	0.35	0.33	0.41	0.44	0.53	0.78

7.3.2　结构方程模型的假设检验

本章构建的理论模型符合适配度评估标准，结构方程模型的路径分析给出了潜在变量之间的路径系数值与显著性，见图 7.2。免费意识正向显著影响付费意愿（$\beta=-0.15$，$P<0.001$）。

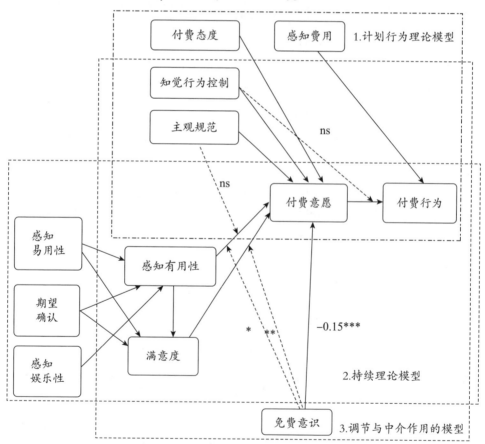

图 7.2　知识付费影响因素结构方程模型

注：*** 代表路径关系以 $P < 0.001$ 的显著性水平显著；** 代表路径关系以 $P < 0.01$ 的显著性水平显著；* 代表路径关系以 $P < 0.05$ 的显著性水平显著。

7.3.3　免费意识调节效应的检验

调节变量主要用于分析一对关系中自变量影响因变量的时间，或因变量被影响最大的时间[232]，主要基于统计学上的层次回归分析方法检验调节效应[233]。一般通过以下两步进行检验：将与调节变量相关的数据（包括调节变量、控制变量、调节变量所影响的变量）实行标准化处理；计算变数（交互作用与调节作用）。

这里采用 SPSS 软件检验了免费意识的调节作用：

一是免费意识在满意度与付费意愿之间的负向调节作用，结果见表 7.4。

表 7.4　免费意识在满意度与付费意愿之间的负向调节作用

步骤	预测变量	B	Beta	t	R^2
主效应	满意度	0.344	0.339	7.432***	0.147
	免费意识	−0.131	−0.134	−2.945***	
调节效应	满意度	0.350	0.345	7.586***	0.158
	免费意识	−0.136	−0.139	−3.062***	
	满意度 × 免费意识	−0.060	−0.102	−2.277*	

二是免费意识在感知有用性与付费意愿之间的负向调节作用，结果见表 7.5。

表 7.5　免费意识在感知有用性与付费意愿之间的负向调节作用

步骤	预测变量	B	Beta	t	R^2
主效应	感知有用性	0.292	0.341	7.549***	0.150
	免费意识	−0.145	−0.148	−3.265***	
调节效应	感知有用性	0.291	0.340	7.583***	0.166
	免费意识	−0.162	−0.166	−3.662***	
	感知有用性 × 免费意识	−0.067	−0.128	−2.845**	

从表 7.4 与表 7.5 的结果可知，交互作用项"满意度 × 免费意识"与"感知有用性 × 免费意识"的标准回归系数分别为（B=–0.060，t=–2.277，P=0.025 < 0.05）、（B=–0.067，t=–2.845，P=0.005 < 0.01），P 值的数值表示显著，说明免费意识在满意度、感知有用性与付费意愿之间起到调节作用，检验支持假设成立。

7.3.4 知觉行为控制调节变量的检验

这里采用 SPSS 软件检验了知觉行为控制的调节作用，检验结果见表 7.6。

表 7.6 知觉行为控制调节作用检验结果

步骤	预测变量	B	Beta	t	R^2
主效应	付费意愿	0.287	0.287	6.075***	0.247
	知觉行为控制	0.301	0.301	6.375***	
调节效应	付费意愿	0.274	0.285	5.385***	0.248
	知觉行为控制	0.294	–0.294	6.091***	
	付费意愿 × 知觉行为控制	–0.026	–0.035	-0.700^{ns}	

从表 7.6 结果可以看出，交互作用项"付费意愿 × 知觉行为控制"的标准回归系数数值：（B=–0.026，t=–0.700，P=0.484 > 0.05），表明知觉行为控制的调节作用不成，即假设 H16 成立。

7.3.5 主观规范调节效应的检验

前文已阐释调节变量的定义、作用与常见的检验方法。这里采用 SPSS 软件检验了主观规范在感知有用性与付费意愿之间的调节效应，结果见表 7.7。

表 7.7　主观规范在感知有用性与付费意愿之间的调节效应

步骤	预测变量	B	Beta	t	R^2
主效应	感知有用性	0.255	0.255	5.350***	0.188
	主观规范	0.264	0.264	5.541***	
调节效应	感知有用性	0.244	0.244	5.099***	0.195
	主观规范	0.318	0.318	5.742***	
	感知有用性 × 主观规范	0.089	0.097	1.891^{ns}	

从表 7.7 结果可以看出，交互作用项"感知有用性 × 主观规范"的标准回归系数数值：（B=0.089，t=1.89，P=0.059 > 0.05），表明主观规范调节作用不显著，即假设 H17 未得到支持。

7.3.6　付费意愿中介效应的检验

变量中介作用的检验方法分成因果法、直接与间接效果法、区间估计法 3 种类型。中介效应模型可比较全面地解释自变量与因变量之间的作用关系，要比单一分析自变量对因变量的解释更为深入。目前，国内外对逐步法的质疑较大，学者们呼吁取消或修正该方法在中介模型中使用，而要运用 Bootstrap 方法检验中介效应[231]。温忠麟等提出区间估计的 Boostrap 方法要比 Sobel 方法计算更准确[238]。

本书对付费意愿的中介作用检验采用 Bollen 提出的两种 Bootstrap 方法[239]，即直接与间接效果法的系数相乘法与信赖区间法。其中，系数相乘法与信赖区间法均以 Bootstrap ML 为统计估计法，并采用 Bootstrap 技术方法[239]。用 AMOS 软件验证分析后，对输出数据结果整理后进行解读，可最终确定被检验的变量是部分中介或是完全中介作用。然后运用 AMOS 软件，对整理后的问卷数据检验付费意愿变量的中介效应。直接、间接与总效应的数据均以非标准化数据为标准，这是因为非标准化数据代表斜率，而斜率更具有统计学意义。在利用 Bootstrap 技术方法时，存在两种间接效应或直接效应检验结果：间接效应的 Bia-corrected 与 percentile 的区间范围从两种情况来看，包含 0 时中介效应存在，不包含 0 时不具有中介效应；在直接效应 Bia-corrected 与 Percentile 的区间范围不包含 0，则中介效应存在，若区间范围包含 0，说明完全中介效应存在。对数据分析后发现，间接效应的置信区间分别是（0.034，0192）与（0027，0175），同时直接效应的置信区间分别是（0.179，0.513）与（0.179，0.513），表明付费意愿起到部分中介作用。

在利用 Boostrap 技术的方法 2 中，同样采集标准化数据，对 Z 值进行比较，给出中介检验结果。在间接效应中，Z 值大于 1.9 时，说明中介效应存在；在直接效应中，当 Z 值大于 1.9 时，说明变量起到部分中介效应，否则为完全中介效应。这里检验的间接效应与直接效应的 Z 值分别为 2.308 与 3.611，说明知觉行为控制通过付费意愿对付费行为产生部分中介作用，见表 7.8。总之，付费意愿的部分中介效应存在。

表 7.8 付费意愿中介效应的检验分析结果

变数	点估计值	系数相乘积（product of coefficients）		Bootstrapping			
				Bias-corrected 95%CI		percentile 95%CI	
		标准误（SE）	Z 值	Lower	Upper	Lower	Upper
PBC → PB		总效应		总效应			
	0.432	0.082	5.268	0.262	0.586	0.267	0.593
PBC → PB		间接效应		间接效应			
	0.090	0.039	2.308	0.034	0.192	0.027	0.175
PBC → PB		直接效应		直接效应			
	0.343	0.095	3.611	0.179	0.513	0.179	0.513

7.4　结果分析与讨论

本章假设结构方程模型检验结果见表 7.9。

表 7.9　结构方程模型检验结果

编　号	假设内容	是否通过
H13	免费意识正向显著影响付费意愿	支持
H14	免费意识调节满意度与付费意愿之间的关系	支持
H15	免费意识调节感知有用性与付费意愿之间的关系	支持
H16	知觉行为控制的水平提高导致行为意愿对行为意愿的影响加强	不支持
H17	主观规范在感知有用性与付费意愿之间起到正向调节作用	不支持
H18	知觉行为控制经由付费意愿间接影响知识付费用户的付费行为	支持

从表 7.9 的假设结果来看，每个假设的具体结果介绍如下。

1. 免费意识的调节作用成立

（1）免费意识在满意度与付费意愿之间起负向调节作用。在低满意度的条件下，高免费意识与低免费意识对用户付费意愿的影响并无差异；在高满意度的条件下，高免费意识负向影响用户付费意愿的程度要强于低免费意识对用户付费意愿的影响，见图 7.3。

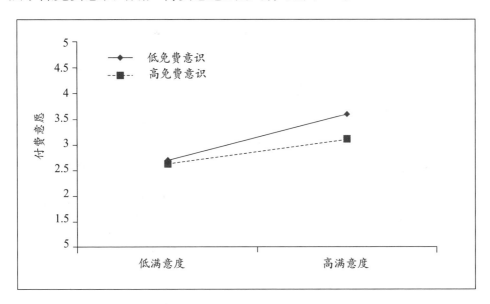

图 7.3　免费意识影响满意度与付费意愿之间的关系

（2）免费意识在感知有用性与付费意愿之间负向调节作用。在低感知有用性的条件下，高免费意识与低免费意识对用户付费意愿的影响并无差异；在高感知有用性的条件下，高免费意识负向影响用户付费意愿的程度要强于低免费意识对用户付费意愿的影响，见图7.4。

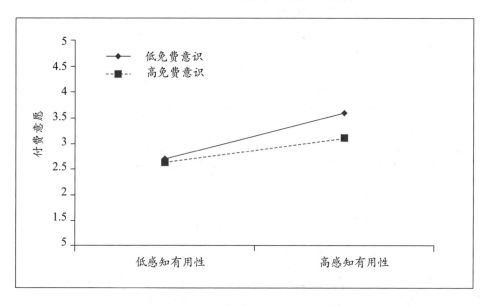

图7.4　免费意识影响感知有用性与付费意愿之间的关系

2. 免费意识负向显著影响付费意愿

免费意识为（ -0.15^{***} ），从理论与实践都可以得出，"根深蒂固"的免费意识真实存在。在线知识平台为用户长期提供免费知识已使得他们形成免费获取知识的习惯。无论在初次付费，还是持续付费阶段，一旦用户寻找到可替代付费知识产品的免费产品，即便获取免费知识产品要付出更多的时间，检索与使用也不方便，用户也可能会选择免费产品。免费意识广泛存在下，知识付费平台仅采取降价方式来提升付费率，很有可能无法带来净收益的增加。结合免费意识在感知有用性、满意度与付费意愿之间的负向调节作用可知，增加用户满意度与感知有用性也是提升用户意愿的可行办法。

3. 主观规范在感知有用性与付费意愿之间的调节作用

主观规范在感知有用性与付费意愿之间的调节作用不显著，调节关系不成立。该结果说明，用户对知识付费平台有用性的感知对付费意愿的积极影响，不会受到周围人（亲戚、朋友、同学等）的调节作用。结合前两章的研究结果来看，个人所在圈子对某个知识付费平台积极或消极的评论或建议，会提高或降低这个人在该平台上为知识产品付费的意愿，但无法改变感知有用性对付费意愿的关系。

4. 知觉行为控制在感知有用性与付费意愿之间的调节作用

知觉行为控制在感知有用性与付费意愿之间的调节作用不显著，调节关系不成立。该结果说明，用户对知识付费平台有用性的感知对付费意愿的积极影响，不会受到个人能力、资源或机会的调节作用。综合考虑前两章的结论，个人对知识付费平台有用性的感知增加时，他付费的意愿也会提升。当个人拥有的时间与货币增加时，并不能改变感知有用性与付费意愿的关系。换言之，个人认为某知识付费平台的有用性不高，未达到他的预期，即使试图让他拥有更多的时间与货币，这个人也不会为知识产品付费。

5. 付费意愿在知觉行为控制与付费行为之间起到部分中介作用

该结果说明，知觉行为控制在感知有用性与付费意愿之间的调节作用不成立，但却可以通过两条路径影响付费行为。其一是知觉行为控制直接影响付费行为；其二是知觉行为控制通过付费意愿间接影响付费行为。这说明个人拥有的时间资源与货币资源增加时，知觉行为控制既通过付费意愿间接影响付费行为，也直接影响付费行为。个人所掌握的资源或机会对付费行为存在直接和间接作用。该结论有助于全面认识付费意愿与知觉行为控制、付费意愿的关系，加深对知觉行为控制与付费行为关系的理解。

7.5　小结

本章综合了第 5 ~ 6 章构建的初次知识付费与持续知识付费影响因素理论模型，从整体上分析了知识付费影响因素。在此基础上，进一步引入免费意识，得出免费意识在感知有用性、满意度与付费意愿之间的调节作用，付费意愿在知觉行为控制与付费行为之间的部分中介作用：第一，研究揭示了免费意识在感知有用性与付费意愿之间、满意度与付费意愿之间均起着负向调节作用，厘清了感知有用性、满意度与付费意愿之间的关系，同时为进一步探析知识付费提出了新思路。在目前研究的中，感知有用性、满意度与付费意愿三者之间的关系模糊，没有统一说法。本书通过定量实证分析得出，当感知有用性或满意度升高时，高免费意识比低免费意识负向影响用户付费意愿的强度更强。第二，研究验证了付费意愿在知觉行为控制与付费行为之间的部分中介作用。付费意愿通过两条路径影响付费行为，其一是知觉行为控制直接显著影响付费行为；其二是通过知觉行为控制间接影响付费行为。

第 8 章　知识付费与教育共富发展的关系研究

8.1　教育共富概述

共同富裕是中国特色社会主义的本质要求，中国式现代化是全体人民共同富裕的现代化。我们坚持把实现人民对美好生活的向往作为现代化建设的出发点和落脚点。习近平总书记指出："在全面建设社会主义现代化国家新征程中，我们必须把促进全体人民共同富裕摆在更加重要的位置，脚踏实地、久久为功，向着这个目标更加积极有为地进行努力，促进人的全面发展和社会全面进步，让广大人民群众获得感、幸福感、安全感更加充实、更有保障、更可持续。"

教育既是共同富裕的重要组成部分，又是共同富裕的重要动力。国家"十四五"规划纲要明确提出：到 2035 年，全体人民共同富裕取得更为明显的实质性进展。在推动共同富裕的过程中，教育能够提供人力资本、促进人全面发展、实现公平正义，必须重视并发挥教育的基础性作用，这既需要符合共同富裕的要求，也需要兼顾教育的特性、突出教育工作的重点难点。只有真正处理好系统和部分、长远和短期、教育和社会等方面的关系，才能发挥教育的最大效用，不断推动共同富裕的实现。

8.1.1　教育共富的目标与意义

共同富裕是中国特色社会主义的本质要求，是人民群众共同期盼的目标。在全面建成小康社会，开启第二个百年奋斗目标的新时期，为共同富裕的推进提供了行动指南。教育是实现共同富裕的重要前提。实现教育共富是社会公平的基础，有学者认为经济上的贫富差距是由教育上的贫富差距造成的，只有缩小教育上的贫富差距，才能缩小经济上的贫富差距。在社会科学研究领域里，"马太效应"反映的社会现象是两极分化，富的更富，穷的更穷，即贫困是有代际转移规律的。一直以来，人类试图破解贫困的代际转移谜团，教育在解决该问题上起着重要作用。其中，实现教育共富，作为终身教育体系的重要组成部分，是共享充分、覆盖广泛的教育目标。要通过优质教育资源的公平供给，为实现人的全面发展和社会全面进步提供根本支撑。

8.1.2 教育共富研究的方向及内容

1. "共富型"教育制度的建立

一是完善教育的保障体系。共享是共富的重要特征，也是必然要求。现阶段，城乡义务教育发展不均衡，区域之间的教育存在差距，特殊群体的教育保障有待完善，这都要求完善教育的保障体系。二是创新制度运行机制。教育制度的执行是一个复杂的过程，需要充分保障各主体的利益，尤其是要关注弱势群体的利益。制度运行的有效性还取决于相关利益主体的积极性是否得以充分激活和最大限度地发挥，因而需要创新和构建科学合理的管理体制和运行机制。

2. 高等教育的教育共富探索

当前高等教育促进共富效用不足，为解决这一难题，高等教育需借鉴集群"共建共治共享促共富"的发展模式，在构建以国内大循环为主体、国内国际双循环相互促进的新发展格局背景下构筑高等教育治理新格局。高等教育集群发展是一种具有生命群落特征的高等教育发展模式。新时代高等教育的集群发展需要以高校集群、产业集群和人才集群的融合共生为切入点，加强大学与城市、大学与产业和大学与人才的互动作用。从城市维度来说，高校集群的合作与交流有利于促进城市协同发展，形成构建产业集群和促进共富的空间基础；从产业维度，产业集群的创新创造驱动经济发展，构成推动人才形成集群的资本动力，夯实共富的经济基础；从人才维度，人才集群通过整合资源、创新价值和创造财富，反向提升高校集群和产业集群的生产效能，形成助推共富的"人文力"。3 个集群不是单一的个体或者"集而不群"的简单杂糅，而是在同一时空交叉融合的共生体。

3. 弥合老年数字鸿沟，推进终身教育共富的实践

老年群体与年轻群体因接近、使用新信息技术的机会与能力差异而形成的数字鸿沟被称为老年数字鸿沟，又被称为银色数字鸿沟。共同富裕中的"共同"还指所有人参与社会主义现代化建设，老年群体作为现代社会的重要组成部分，富有智慧与经验，理应为社会主义现代化建设提供人力支持，但社会对老年教育的认知停留在"健康、快乐"的生活教育，对老年人社会参与和潜能开发的认识不足。老年人是知识和经验的载体，从共同富裕共建共享的主张出发，能力提升与社会参与是实现老年人自身发展的根本途径，消除老年数字鸿沟，鼓励老年人回归社会，融入数字生活，提升老年人的参与理念和能力，实现共同富裕的全民共建共享。过去 10 年，数字鸿沟现象日益凸显。老年群体和年轻群体在信息科技特别是智能技术接受程度、使用频率和知识掌握上存在巨大差距。为此，老年数字鸿沟是在信息技术飞速发展、数字社会快速推进过程中多方面原因共同形成的结果，要弥合老年数字鸿沟，需要多维度共同发力。在政府维度，构建关爱包容的数字社会；在企业维度，开发应用友好的数字产品；在教育维度，推进人本关怀的终身教育；在家庭维度，营造互融反哺的学习氛围。只有政府、企业、教育、家庭等多维度共同发力，形成合力，才能赋能老年教育的社会实践，实现数字社会的共同富裕。

4. 教育共富有利于促进农村低收入群体发展

农村低收入群体中的大部分人受教育年限较少，自身综合素质有

限，参与市场竞争的能力较弱，面临着持续增收乏力的可能性；而且在激烈的市场竞争中，对劳动者的职业素养等综合素质的要求越来越高，农村低收入群体中的部分丧失劳动能力或劳动能力较弱的特殊困难群体则会出现增收乏力甚至歉收的可能性。同时，农村低收入群体普遍存在着人力资本较低的发展现状。研究表明教育水平和健康水平等人力资本是影响低收入群体增收的主要微观个体因素，而注重受教育水平和健康水平等人力资本的提升对于增加低收入群体的收入具有重要作用。农村低收入群体的受教育水平普遍较低，尤其在人力资本投资方面，对其子女的人力资本投资较少，导致其子女的人力资本水平较低，进而使其子女也维持在低收入阶层。应重视对农村低收入群体在教育方面的投资，以提升其人力资本。提升农村低收入群体的人力资本，就必须重视基础教育、职业教育等教育体系在农村的普及与推广，尤其应重视对低收入群体的子女教育进行必要的长期投资，提高其受教育年限，重视通过教育阻断贫困代际传递。根据农村低收入群体的差异化特征，搭建多类型的职业技能培训平台，进行有针对性、分类化的技能培训，鼓励有职业需求或职业能力不足的农村低收入人群积极进行职业技能的培训，促使其掌握一项或多项核心职业技能，进而实现以教育共富带动收入提高。

5. 教育资源的公平分配研究

教育资源的公平分配一直是教育领域中的热门话题之一。在当前的社会背景下，教育资源的公平分配显得尤为重要。教育资源的公平分配涉及很多方面，包括教育经费、教师资源、教学设施等等。一是教育经费是影响教育资源公平分配的重要因素之一。教育经费的分配应该根据不同地区的经济发展水平和教育需求进行合理的分配。同时，应该加强对教育经费的监管，确保教育经费的合理使用和公开透明。二是教师资源也是影响教育资源公平分配的重要因素之一。在一些贫困地区，教师资源相对匮乏，导致教育水平的不均衡。因此，应该加强对教师的培训和招聘，提高教师的教学水平和教育质量。三是教学设施也是影响教育资源公平分配的重要因素之一。在一些地区，教学设施落后，影响了学生的学习效果。因此，应该加强对教学设施的投入和维护，确保学校的基础设施达到一定的标准。总的来看，教育资源的公平分配是一个长期而复杂的问题，需要政府、学校和社会各方面的共同努力。只有通过合理的分配和有效的管理，才能够实现教育资源的公平分配，为更多的学生提供优质的教育资源。

8.2　知识付费对教育共富发展的影响

8.2.1　知识付费促进"提低"推动教育共富发展

第 51 次《中国互联网络发展状况统计报告》指出：截至 2022 年 12 月，我国网民规模为 10.67 亿，同比增加 3.4%，互联网普及率达 75.6%。其中，城镇网民规模为 7.59 亿，农村网民规模为 3.08 亿，50 岁及以上网民群体占比提升至 30.8%；全年移动互联网接入流量达 2618 亿 GB。不同地区、不同年龄网民构成广大用户基础，流量型、资金型等不同形式的数字消费活力持续释放，促进数字经济健康发展，但也凸显出网民和非网民之间的差异。具体来看，智能技术、云计算、大数据等高新科技的快速发展与广泛应用在大幅降低人类信息获取成本、提升人类社会活动效率并挖掘信息有用价值的同时，也引发了典型的信息失衡、信息垄断甚至信息侵权问题。如今信息技术在以迅雷之势改变和影响我们生活的同时，也导致数字时代的一类新兴弱势群体——"数字弱势群体"悄然产生。

从上面现象来看，数字弱势群体规模加大，为了让数字弱势群体获取信息能力，进一步学习知识提升教育水平，急需采取行动为这类人群提供适合知识。引入知识付费是一个选择的方式，可以有效提升数字弱势群体的数量，普遍增加这类人群知识水平，达到"提低"效果，这得益于知识付费平台上充分考虑互联网用户碎片化的使用场景，采用专门设计，方便大众获取、理解和分享，知识产品类型多样，能够满足大多数消费者在网络环境下对知识的需求。

8.2.2　知识付费实现"扩中"助力教育共富发展

我国各级教育普及程度达到或超过中高收入国家平均水平，其中学前教育、义务教育达到世界高收入国家平均水平，高等教育进入普及化阶段。20万名义务教育阶段建立档案，辍学学生动态清零，历史性解决了长期存在的辍学问题，为全面建成小康社会作出了重要贡献。实现义务教育基本均衡，学校面貌有了根本改观，形成了城乡义务教育均衡和一体化发展新局面。持续实施重点高校招收农村和贫困地区学生专项计划。为了进一步提升教学质量，让更广大人民不仅享受基本教育资源，还能进一步获得更多学习资源，就要坚持教育共富理念。教育共富的目标是实现全体人民教育水平的提升，并非一小部分人或某些群体享受优质教育。未来，通过知识付费可进一步促进"扩中"发展，有利于教育共富发展。这主要得益于知识付费的两个特征：一是知识付费的一个重要特征是知识产品对大众消费的普遍适用性。市场中存在众多不同需求类型的消费者，或者同一类型的消费者在不同场景下具有不同的消费需求，这就要求知识产品类型多样，能够满足大多数消费者在网络环境下对知识的需求。二是知识付费是一种以开放型虚拟内容社区为依托，在付费的基础上，由个人面向网络大众提供在线咨询、网络课程、信息共享等内容服务的传播模式。这种传播模式是将社会中分散、盈余的知识技能和智力资源加以整合，以付费的方式将其传递给社会大众或特定平台的一种共享传播形式。

8.3　知识付费推动教育共富高质量发展的路径

8.3.1　摸清细分人群的需求

知识付费具有稀缺性、专业性、普适性、开放性、共享性、技术性、易得性与个性化等特征，在一定程度上都能满足各类使用者的不同需求。各类细分人群的需要经常存在明显差异，准确获取他们的需求较为困难，这也是提高教育共富的重要基础。实际上，诸多调研机构都在寻找使用知识付费产品的细分人群，以及这类人群有较高需求的知识产品。例如，由于网络社会的兴起，社会节奏不断加快，"35 岁 +"群体容易感受到知识焦虑，产生了生理及行为上的不适应感和心理上的不平衡感。在这个阶段，"35 岁 +"群体普遍感受到知识体系老化的威胁，他们中部分工作被年龄更小的人群接替，这种地位的变化，破坏了他们长期养成的生活习惯，使得他们内心矛盾重重，并由此产生了焦虑、紧张、自卑等情绪。另外，"35 岁 +"群体已经普遍开始组建家庭，除了职场之外，其在婚姻事务、子女教育、父母养老等方面都开始遇到新的需求和新的问题，这些需求和问题又都围绕着"家庭"这一核心概念。因此，与追求名利不同，"35 岁 +"群体的对知识付费内容的偏好和消费体现了"焦虑""捷径"等关键词。同时具备中年危机与家庭意识，催生了其内心的觉醒，他们开始主动发现自己真正想要的东西及本质状态，面对事业、金钱、家庭、健康等重重关卡，并通过知识付费的手段去获取信息和方法。这一现象成为知识付费行业的主流。

8.3.2　建立长期服务计划

在人类历史上，一个人和一个国家的发展与贫富从来没有像今天这样更多地依赖于教育。而随着时代的进步、人类文明的发展和教育普及程度的不断提高，高等教育将逐步成为一个国家不可或缺的"基础教育"。不久将来，终身学习将成为新常态，为不同需要的人们提供知识服务变得不可或缺，同时也能够弥合不同人群或个体教育差异，但这需要提前谋划，长期坚持。谋定而动。"谋"就是做计划，也就是做任何事情之前，都要先计划清楚。

因此，知识付费行业要依据细分人群的个性化需要，制订长期服务计划，从战略计划与业务计划两个方面聚焦教育共富高质量发展：一是战略计划。整个知识付费行业要确定行业发展的总体目标，并长期按照全基础教育方向筹划运营，以服务不同阶段的人群，短期采用差异化服务模式以基础教育与高等教育方式为知识服务。具体总结如下。第一，推广知识付费理念。通过各种渠道，向社会普及知识付费的理念和优势，让更多人了解知识付费的价值，进而推动知识付费在教育行业的普及和应用。第二，培育知识付费人才。加强对知识付费人才的培养和引进，建立完善的知识付费人才培养体系，为知识付费产业的发展提供源源不断的人才支持。第三，推动教育共富发展。通过知识付费的方式，推动教育共富的实现。通过向优秀的教育机构和教育者提供更好的发展机会和平台，帮助他们实现收益最大化，进而推动整个教育行业的共同发展。第四，加强政策支持。积极争取政府的支持和扶持，制定相关的政策和规范，为知识付费的发展提供更加良好的政策环境和市场环境。二是具体计划。第一，推广优质教育资源。通过各种渠道推广知识付费平台上的优质教育资源，吸引更多的用户加入其中。平台可以通过社交媒体、线下宣传等方式进行推广，还可以利用大数据技术构建画像，通过精准分析，为目标用户推荐产品。第二，建立奖学金制度。为了鼓励更多的人参与知识付费平台，可以建立奖学金制度，对于学习成绩优秀的用户给予一定的奖励和荣誉，激励更多人参与学习。此外，也可以建立一些特殊奖学金，如助学金、科研基金等，帮助有需要的人群获取更多的学习资源。第三，开展公益教育项目。知识付费平台可以开展一些公益教育项目，为一些贫困地区、农村地区、少数民族地区等提供免费的教育资源，帮助他们获取更多的知识和技能，促进教育公平。此外，还可以开展一些面向社会的公益活动，如科普宣传、志愿服务等，提高公众的科学素质和社会责任感。总之，知识付费作为一种全新的商业模式，将为教育行业带来更加广阔的发展空间。

8.3.3 增加知识付费公益性

现阶段，中国还有很多贫困的地区，贫困的直接起因是缺乏工作能力、缺乏生存技能，这个痛点的解决需要靠教育进行赋能，更需要人才服务的支持，二者相辅相成可为就业开出一条道路。进一步来看，不止在贫困地区有就业难的问题。随着移动互联网的兴起，越来越多年轻人的就业方向都逐渐转向互联网等新型行业，但是却因技能的不足而找不到满意的工作，最终只能降低求职标准或待业在家。此外，很多求职者能力欠缺，缺乏职业的专业度与专注度，导致很多企业招聘效能低下，招不到满意的员工，甚至常年处于用工荒、招工难的状态。与此同时，通过大量实践与调研发现，高等教育培养的人才与用人单位的需求较难匹配，即供给侧与需求侧存在严重不对等的问题。鉴于此，从公益性角度来看，以培养年轻人满足就业能力为目标，提升知识产品社会福利性，对推动教育共富具有明显积极作用。此外，为了能给求知者创造更好的学习体验，但还要兼顾易学性，在教学上应坚持一体化交付的教学理念，改变单一灌输的教学模式；融入理论学习、案例解读、场景练习等教学环节，帮助用户在专业层面得到拓展，这对有效落实教育共富发展理念具有一定价值。

8.3.4 对提升教育共富效果的评估

知识付费不仅可以提升学习者获取知识的效率，还可以帮助教育机构提高教育质量，从而实现教育共富。但是，知识付费模式的效果如何，需要进行评估。随着互联网的快速发展，知识付费已经成为了一种新兴的教育模式。知识付费的模式是通过线上平台提供教育资源，用户可以通过支付一定的费用来获得专业的知识服务。知识付费的模式具有很多优势，如方便、高效、灵活等，这也是为什么知识付费模式越来越受到人们的关注和认可。然而，知识付费模式的成功与否，不仅仅取决于在线教育平台的质量，更取决于所提供的教育资源的质量、学习效果以及用户的满意度。因此，评估知识付费提升教育共富效果显得尤为重要。首先，评估知识付费提升教育共富效果需要从用户的角度出发，了解用户对于知识付费模式的认知、使用、满意度等方面的情况。通过用户调查、访谈等方式，可以深入了解用户对知识付费模式的看法和体验，进而对教育共富效果进行评估。其次，评估知识付费提升教育共富效果还需要从教育资源的角度出发，了解所提供的教育资源的质量、内容、适应性等方面的情况。通过教育资源评估、课程设计评估等方式，可以对教育资源的质量进行评估，从而为提升教育共富效果提供有力的支撑。最后，评估知识付费提升教育共富效果还需要从教育效果的角度出发，了解知识付费模式对用户学习效果的影响。通过学习成果评估、学习效果调查等方式，可以对知识付费模式的教育效果进行评估，从而为提升教育共富效果提供有力的支撑。综上所述，评估知识付费提升教育共富效果需要从多个方面出发，全面了解知识付费模式的优势和不足，以及其对于用户、教育资源和教育效果的影响。只有这样，才能为知识付费模式的发展提供可靠的数据支持，进一步推进教育共富的实现。

第9章　研究结论与建议及研究局限与展望

9.1　主要研究结论

知识付费用户数量增长放缓，引起全社会上下和学界的广泛关注。针对现有研究存在着考虑的影响因素偏少及对影响因素之间的关系研究不够明确等各种不足，本书主要研究目的是探讨知识付费影响因素，运用理论分析或实证研究系统地得出初次知识付费与持续知识付费影响因素。围绕这一目的，本书的研究内容包括：采用计划行为理论，构建知识付费影响因素理论模型，研究初次在线知识付费影响因素；采用持续理论，构建知识付费影响因素理论模型，研究持续在线知识付费影响因素；将计划行为理论与持续理论相结合，构建知识付费影响因素理论模型，引入免费意识情境变量，重点分析调节及中介变量与知识付费的关系，研究免费意识在感知有用性与付费意愿之间、满意度与付费意愿之间的调节作用。通过对这些内容的研究，本书主要得出以下结论。

（1）构建一个成系统的用于解释知识付费影响因素的理论模型。本书采用用于初始行为研究的计划行为理论及持续行为研究的持续理论，构建知识付费影响因素理论模型，发现了更多的变量，其中感知质量、体验、信任、货币与时间资源、付费态度、主观规范与知觉行为控制是影响初次知识付费的根本原因，而感知有用性、满意度、期望确认、感知娱乐性、感知易用性、免费意识是影响持续知识付费的根源。可见，将研究初次知识付费与持续知识付费影响因素的理论有机结合，才能更系统、更全面地得到知识付费影响因素。

（2）揭示了免费意识通过两种方式影响知识付费。从研究的结果来看，免费意识影响知识付费的方式有两种：其一是免费意识直接负向显著影响付费意愿，这说明先前形成的免费观念对阻碍用户为知识付费，尤其是对用户的持续付费行为影响更大；其二是免费意识在感知有用性或满意度与付费意愿之间起负向调节作用，这说明当感知有用性或满意度升高时，高免费意识比低免费意识负向影响用户付费意愿的强度更强。

（3）提出了用户对自己拥有资源的感知会积极影响知识付费。从研究的结果来看，货币资源与时间资源通过知觉行为控制间接显著影响知识付费，这说明用户为知识付费受到个人可支配货币与可利用时间的影响。用户选择为在线知识产品付费不仅要考虑自己喜不喜欢以及周围人是否推荐等理性因素，也要考虑个人有没有多余的费用与可学习的时间等非理性因素。

（4）验证了存在争议的变量关系。从研究的结果来看，付费意愿在知觉行为控制与付费行为之间起部分中介作用，这说明知觉行为控制不仅直接显著影响付费意愿，也通过付费意愿间接显著影响付费行为；知觉行为控制在付费意愿与付费行为之间的调节作用不成立，但与付费意愿正相关，并且通过付费意愿间接影响付费行为，也可以直接显著影响付费行为；主观规范在感知有用性与付费意愿之间的调节作用不成立。同时也验证了行为态度、主观规范与知觉行为控制共同解释付费意愿的结果中，主观规范的贡献最小。结合这两个结果可以看出，社会环境因素对个人付费影响较小，换言之，个人所在圈子的作用并未发挥足够大的作用，也无法改变感知有用性与付费意愿关系强度。

（5）知识付费通过"提低、扩中"两方面促进教育共富发展，同时教育共富高质量发展有路径可循。知识付费有助于推动弱势群体提升受教育机会与质量，起到"提低"作用；知识付费有利于扩大满足不同学习阶段、不同学习目的群体追求更高质量知识的需求，起到"扩中"作用。同时，为实现教育共富高质量发展，加快推进共富目标实现，有必要采取以下路径实施：一是摸清细分人群的需求；二是建立长期服务计划；三是增加知识付费公益性；四是提升教育共富效果的评估。

9.2　对知识付费平台的建议

9.2.1　提升产品与服务质量的建议

知识付费平台进一步完善产品、服务质量标准。分析结果表明，付费态度对付费意愿的影响要高于主观规范、知觉行为控制，同时付费态度受到感知内容质量、感知付费质量与体验的影响。鉴于此，可以从以下两点提升产品与服务质量：其一，建立产品质量提升的标准。产品质量标准是生产高质量知识产品的重要保证，是筛选专业知识提供方的有效途径。提供知识产品生产者的筛选要严格，要求知识提供者的学历要高、社会声誉要好，也要求他们在专业领域内的专业水平要强，满足这些标准会有利于保证知识产品的品质，进而提升知识产品竞争力。其二，建立服务质量标准。用户使用平台界面与产品内容体验的标准建立是关键。良好的用户体验有助于显著提升用户最初使用满意度，对知识付费产生正面的评价，从而有助于用户为知识付费。

9.2.2　加快建立平台信任体系的建议

全面、快速地建立知识付费平台的信任体系。分析结果表明，信任与付费态度的关系得到实证支持。鉴于此，以下三点可有效建立知识付费平台的信任体系：其一，知识付费平台要履行承诺。平台中对用户的任何承诺必须严格履行，而非寻求各种借口拒不落实；其二，知识付费平台要把满足用户需要放在首位。知识付费平台着重考虑满足用户需求，努力满足不同用户的共同需求是第一步，最终要实现满足不同用户的个性化需求，从而使平台在用户中建立良好声誉；其三，努力提升用户对知识付费平台的归属感与认同感，有利于产生积极的口碑效应。认同平台的用户会向家人、亲戚、朋友等周围人分享对自己有帮助的知识产品，也可以吸纳新用户到平台付费购买知识产品。

9.2.3 优化产品价格的建议

知识付费平台要建立知识产品价格标准。从结果上看，知识付费用户的免费意识不断增强，即使用户感受到知识产品的有用性或良好体验，或者对已购买产品满意，但用户在平台中持续付费意愿却逐渐降低。为了提升用户付费意愿，可以选择建立知识产品的定价标准，弱化用户免费意识的影响，减少用户因相同类型产品价格差异过大，而选择价格低的产品的人数，同时减少商家之间因价格战扰乱市场秩序，稳定知识产品的价格，从而保障知识提供方、知识获取方与平台的共同利益。

9.2.4 丰富产品形式的建议

知识付费平台改变用户获取、使用知识产品的形式，满足用户休闲娱乐需要。从结果来看，感知娱乐与付费意愿的关系得到实证支持。目前，知识付费平台主要以单一文本、单一音频或二者相结合的形式为用户提供知识产品，互动形式比较单一。未来有必要改变用户较为单一的获取知识的形式，兼顾"好玩，有料"等特点，提供更为生动有趣的学习界面与互动方式，这样有助于用户继续学习，进而提升用户知识付费的意愿。

9.2.5 加大教育共富服务力度

知识付费平台扩大服务范围，聚焦教育共富，凸显在"提低、扩中"过程中的作用。知识付费产品种类足够丰富，市场化程度逐渐提升，但要在一定程度上回归到教育本质，逐步扩大满足低收入、低学历等群体学习需求，聚焦加快推进教育共富目标，与国家相关政策对接，享受政策红利的同时，满足广大群众对高质量教育的迫切需求，实现"提低、扩中"过程的阶段性目标。

9.3　研究局限与展望

9.3.1　研究局限

本书对知识付费影响因素的研究仍存在不足之处，主要有以下两点。

（1）单一地研究偏见的局限性。本书是对用户知识付费行为的研究，从问卷回答者个人基本信息来看，并未有明显的一致性问题，但仍存在样本只在国内采集，绝大部分问卷回答者是汉族人，样本的民族来源过于单一，可能引起结论出现一定程度的偏差。未来有必要重复研究本书构建的知识付费影响因素理论模型，尽量将不同民族、不同国家的知识付费用户作为研究对象，这样有可能出现与现有结论不同的新结论。因此，从不同方面考虑研究样本的多样性是未来研究要注意的，应尽量避免样本来源单一造成的研究结果不够准确的影响。

（2）问卷的无反应偏差问题。本涉及的调查问卷的填写完成率较高，但仍有问卷回答者未完成问卷的情况，以致调查问卷填写者无反应偏差会影响分析结果的准确性。本书是通过网络平台发放问卷，研究者无法与受调查者直接沟通。调查问卷发放得越多，发放者越没有时间与受调查者一对一沟通，以致未能更好地理解用户使用信息系统的感受，导致调查问卷未完成的比例降低。本书中的无反应回答比率较高，但采用网络平台发放调查问卷无法统计未完成问卷的人数，无法准确判断是否存在"调查问卷回答者无反应偏差"，不过既往研究也都存在一定的无反应偏差问题。未来研究应尽量采取一对一问卷发放、回收方法，这样可以提高问卷回收率，同时也可以收集到未回答或无效问卷回答者对问卷的看法与意见，从而及时修改降低无反应偏差问题的影响。

9.3.2 研究展望

（1）发现更多知识付费模型中已有变量的前置因素。一个理论模型无法涵盖解释与预测知识付费的所有因素。有必要在模型中已有变量的基础上，为这些变量补充或增加前置因素。未来可进一步为行为态度、主观规范与知觉行为控制3个变量补充更多的前置因素，而要对感知有用性、满意度两个变量增加适合的前置因素，借助新引入的变量，不断修正现有理论模型。

（2）深入挖掘新型付费方式下的影响因素，及其这些因素之间的作用关系。本书研究并未明确指出，用户知识付费的付费类型，而伴随着知识付费平台的不断发展与创新，未来用户为知识付费的模式会更多样，包括眼球收费、广告隐性收费等，这些收费模式都有助于知识付费平台的发展，对该课题的继续研究有助进一步完善本书的内容。

（3）本书对3个调查问卷的有效数据进行分析，得到了知识付费影响因素，未来有必要扩大样本数量，在条件允许时，对规定数量的相同受调查者收集2～3个时间点的调查问卷。这样会更有利于研究初次知识付费与持续知识付费影响因素的差异，从而更有针对性地帮助知识付费平台增加用户数量，促进平台持续发展。

（4）本书对知识付费与教育共富关系进行深入研究，得到了知识付费推动教育共富高质量发展的实践路径，未来有必要选择多个知识平台进行案例研究，归纳出这些平台在1～2年内的实践经验，提升知识付费平台聚焦教育共富发展的水平，继续"提低、扩中"，在服务人群的数量与质量上都有明显提高。

参考文献

[1] 国家信息中心信息化研究部. 2017年中国分享经济发展报告 [R]. 北京：中国互联网协会分享经济工作委员会，2017.

[2] 李明德，王玉珠. "知识变现"：从App"分答"看新媒体产品盈利模式创新 [J]. 编辑之友，2018（3）：25–28.

[3] 简旭，常江波. 知识付费盈利模式研究——以知乎为例 [J]. 郑州轻工业学院学报（社会科学版），2018，19（5）：74–82.

[4] 艾瑞咨询. 2015—2022年中国知识付费用户规模及预测 [EB/OL]. [2022–05–01].http://www.Iresearch.com.cn.

[5] 中国互联网络信息中心. 第51次中国互联网络发展状况统计报告 [R]. 北京：工业和信息化部，2023.

[6] 刘征驰，马滔，申继禄. 个性定制、价值感知与知识付费定价策略 [J]. 管理学报，2018，15（12）：1846–1853.

[7] 王铮，刘彦芝. 在线知识付费平台的市场机制探究——兼论对知识平台市场机制缺陷的应对与干预 [J]. 图书情报知识，2018（4）：24–31.

[8] 李越，景瑾. 互联网下知识付费存在的问题和解决途径分析 [J]. 现代营销（创富信息版），2018（11）：85.

[9] 魏小林，周小英，陆昊天. 我国知识付费平台存在的问题及对策分析 [J]. 电子商务，2019（1）：44–45.

[10] 克里斯·安德森. 免费 [M]. 北京：中信出版社，2015.

[11] 张利洁，张艳彬. 从免费惯性到付费变现——数字环境下知识传播模式的变化研究 [J]. 编辑之友，2017（12）：50–53.

[12] 艾瑞咨询. 2016 中国网络新媒体用户研究报告简版 [R]. 北京: 艾瑞网, 2016.

[13] 73.9% 受访者愿为网络问答付费 体现知识分享价值 [N/OL]. 中国青年报, 2016 (8): 58.

[14] 艾瑞咨询. 中国在线知识付费市场研究报告 [R]. 北京: 艾瑞网, 2018.

[15] 冯辰. 大数据解读为知识付费行为的现状、趋势和消费者诉求 [J]. 大数据时代, 2018 (10): 14–19.

[16] Legris P, Ingham J, Collerette P. Why do people use information technology? A critical review of the technology acceptance model[J]. Information & Management, 2003, 40 (3) :191–204.

[17] Schepers J, Wetzels M. A meta–analysis of the technology acceptance model: Investigating subjective norm and moderation effects[J]. Information & Management, 2007, 44 (1) :90–103.

[18] Venkatesh V, Thong J Y L, Chan F K Y, et al. Extending the two-stage information systems continuance model: incorporating UTAUT predictors and the role of context[J]. Information Systems Journal, 2011, 21 (6) :527–555.

[19] 吴明隆. 结构方程模型: AMOS 的操作与应用 [M].2 版. 重庆: 重庆大学出版社, 2010.

[20] Schumacker R E, Lomax R G. A Beginner's Guide to Structural Equation Modeling[M]. Mahwah, NJ: Lawrence Erlbaum Associate, 1996.

[21] Bentler P M, Chou C. Practical Issues in Structural Modeling[J]. Sociological Methods & Research, 1987, 16(1):78–117.

[22] Kelloway E K. Using LISREL for structural equation modeling: A researcher's guide[M]. UK:Sage Publications, 1999:381–383.

[23] Bhattacherjee A, Perols J, Sanford C, et al. Information Technology

Continuance: A Theoretic Extension and Empirical Test[J]. Journal of Computer Information Systems, 2008, 49(1): 17–26.

[24] 彼得·德鲁克. 下一个社会的管理 [M]. 蔡文燕，译. 北京：机械工业出版社，2006.

[25] Hey, J. The Data, Information, Knowledge, Wisdom Chain: The Metaphorical Link. Intergovernmental Oceanographic Commission[J]. Intergovernmental Oceanographic Commission, 2004,43(2):358–364.

[26] 吴庆州. 管理信息系统 [M]. 北京：北京理工大学出版社，2017.

[27] 极光大数据. 知识付费行业研究报告 [J]. 信息与电脑（理论版），2017（7）：21–23.

[28] 陈志强. "学者生产内容" 知识付费产品特质 [J]. 中国出版，2018（24）：32–36.

[29] 王鹏涛, 郑昌浩. 知识付费的变现瓶颈与路径优化研究 [J]. 中国编辑，2018（11）：18–23.

[30] 杜智涛, 徐敬宏. 从需求到体验：用户在线知识付费行为的影响因素 [J]. 新闻与传播研究，2018，25（10）：18–39, 126.

[31] 方爱华, 陆朦朦, 刘坤锋. 虚拟社区用户知识付费意愿实证研究 [J]. 图书情报工作，2018，62（6）：105–115.

[32] 周涛, 檀齐, Takirova Bayan, 等. 社会交互对用户知识付费意愿的作用机理研究 [J]. 图书情报工作，2019，64（4）：1–6.

[33] 胡泳, 崔晨枫, 吴佳倢. 内容付费：一种崭新的内容经济学 [J]. 新闻与写作，2019（2）：26–35.

[34] 郭宇, 郭勇, 刘文晴, 等. 国内互联网知识付费研究现状与发展趋势 [J]. 图书情报工作，2021，65（24）：100–108.

[35] 宗瑞冰. 知识付费冲击下图书馆知识服务的应对策略研究 [J]. 图书情报研究，2023，16（1）：36–41.

[36] 黄帅. 知识付费时代已经到来 [J]. 青年记者，2016（24）：5.

[37] 喻国明, 郭超凯. 线上知识付费：主要类型、形态架构与发展模式

[J]. 编辑学刊，2017（5）: 6–11.

[38] 沈嘉熠. 知识付费发展现状与未来展望 [J]. 中国编辑，2018（11）: 35–39.

[39] 刘友芝. 知识付费平台持续发展的现实瓶颈与创新突破 [J]. 编辑之友，2018（11）: 22–27.

[40] 卢艳强，李钢. 知识付费是虚拟社区知识共享困境的一剂良药？——以知乎为例 [J]. 知识管理论坛，2018，3（3）: 140–149.

[41] Rogers, Everett M. Diffusion of innovations[M].5th ed. USA : Simon & Schuster，2003.

[42] 陈茜. 喜马拉雅的盈利渴望知识付费风口已过 [J]. 商学院，2018（12）: 53–55.

[43] 李玉兰. 内容付费与传媒变局——以豆瓣网为例 [J]. 出版广角，2017（13）:63–65.

[44] 艾瑞咨询. 2017年中国第三方支付市场监测报告 [R].北京：艾瑞网，2017.

[45] 库克. 中国的移动支付市场走在美国前面 [EB/OL].http://www.yicai.com/news. 2017.

[46] Chen S C, Yen D C, Hwang M I. Factors influencing the continuance intention to the usage of Web 2.0 : An empirical study[J]. Computers in Human Behavior, 2012, 28(3) : 933–941.

[47] Newman R, Chang V, Walters R J, et al. Web 2.0—The past and the future[J]. International Journal of Information Management the Journal for Information Professionals, 2016, 36(4) : 591–598.

[48] 王敏. "付费墙"二十年: 全球经验与中国省思 [J]. 现代传播（中国传媒大学学报），2017，39（4）: 7–11.

[49] 冯红霞. 共享经济时代知识付费的收费模式与盈利模式 [J]. 传媒，2018（12）: 70–72.

[50] 卢艳强，李钢. 网络环境下的用户持续知识分享行为分析——

TRA、TPB 与持续使用理论的比较 [J]. 图书馆理论与实践，2019，（3）：50-55.

[51] 方军. 知识付费：互联网知识经济的兴起 [J]. 互联网经济，2017（5）：72-77.

[52] 周涛，檀齐. 基于社会资本理论的知识付费用户行为机理研究 [J]. 现代情报，2017,37（11）：46-50.

[53] Tucker A W. A two-person dilemma[M]. Palo Alto, CA, Stanford University Press,1950.

[54] 胡中锋，邹双秀. "囚徒困境"下的教师知识分享——从非合作博弈到合作博弈 [J]. 教育导刊，2010，9（8）：63-66.

[55] 李雪松，司有和，谭红成. 基于网络外部性的虚拟社区知识共享模型分析 [J]. 科技管理研究，2008，（4）：250-252.

[56] 彭小晶，郑小强. 虚拟社区知识共享困局及应对——基于无限重复博弈 [J]. 现代情报，2015，（3）：34-36+56.

[57] 张蒿. 基于信任水平下的虚拟社区用户知识共享行为演化博弈分析 [J]. 现代情报，2014，34（5）：161-165.

[58] 张娟娟,袁勤俭,黄奇,等. 虚拟社区隐性知识共享及其改进策略 [J]. 图书馆理论与实践，2014（10）：105-108.

[59] 徐敬宏，程雪梅，胡世明. 知识付费发展现状、问题与趋势 [J]. 编辑之友，2018（5）：13-16.

[60] Ahuja M, Gupta B, Raman P. An empirical investigation of online consumer purchasing behavior[J]. ACM, 2003.

[61] Pavlou P A, Fygenson M. Understanding and predicting electronic commerce adoption: an extension of the theory of planned behavior[J]. Mis Quarterly, 2006, 30 (1) :115-143.

[62] 韩煜东，郭锦锦，张子健. 中国背景下移动互联网内容付费的影响因素研究——基于 TPB 视角对 App Store 的实证研究 [J]. 大连理工大学学报（社会科学版），2016，37（3）：55-61.

[63] 胡发刚，张英彦. 网络口碑的内涵、分类及其对消费者购买意愿的影响 [J]. 编辑之友，2018（9）：68-72.

[64] Guo Y, Barnes S J. Purchase behavior in virtual worlds: An empirical investigation in Second Life[J]. Information & Management, 2011, 48(7): 303-312.

[65] 李剑南，李永强，史亚莉. 基于个人即时通信增值业务的免费顾客付费　意愿影响因素研究 [J]. 管理学报，2014，11（11）：1711.

[66] Hsu C L , Lin C C . What drives purchase intention for paid mobile apps? – An expectation confirmation model with perceived value[J]. Electronic Commerce Research and Applications, 2015, 14(1):46-57.

[67] Hamari J, Hanner N, Koivisto J. Service quality explains why people use freemium services but not if they go premium: An empirical study in free-to-play games[J]. International Journal of Information Management, 2017, 37(1):1449-1459.

[68] Lin T C, Hsu S C, Chen H C. Customer Willingness to pay for online music: The role of free mentality[J]. Journal of Electronic Commerce Research, 2013, 14(4):315-333.

[69] Oestreichersinger G, Zalmanson L. Content or Community? A Digital Business Strategy for Content Providers in the Social Age[J]. Management Information Systems Quarterly, 2013,37(2): 591-616.

[70] Bapna R, Ramaprasad J, Umyarov A, et al. Monetizing freemium communities: Does paying for premium increase social engagement?[J]. Management Information Systems Quarterly, 2018, 42(3): 719-735.

[71] Sameer Dutta. Analyzing Consumer Intention To Pay For Online Content: A Systematic Approach[J]. Journal of Theoretical and Applied Information Technology, 2012,38(1),89-102.

[72] 李雅筝. 在线教育平台用户持续使用意向及课程付费意愿影响因素研究 [D]. 安徽：中国科学技术大学，2016.

[73] 程晓宇，刘坤锋 . 移动阅读用户付费阅读意愿影响因素研究 [J]. 图书馆学研究，2017（16）：87-96.

[74] 李敏，程钱 . 基于消费者行为理论的大学生移动数字阅读付费影响因素调查 [J]. 图书馆学研究，2018（13）：55-61，96.

[75] 王炳成，李丰娟，崔巍 . 短视频生活场域还原对消费者购买意愿的影响 [J]. 消费经济，2022，38（4）：74-83.

[76] 宋思根，赵庆明 . 明星主播对观众购买意愿的影响机制 [J]. 中国流通经济，2023，37（3）：61-71.

[77] 王翠翠，徐静，尚倩 . 电商直播中虚拟主播互动性对消费者购买行为的影响 [J]. 经济与管理，2023，37（2）：84-92.

[78] 赵宇翔，刘周颖，宋士杰 . 新一代知识问答平台中提问者付费意愿的影响因素探究 [J]. 数据分析与知识发现，2018，2（8）：16-30.

[79] 赵杨，袁析妮，李露琪，等 . 基于社会资本理论的问答平台用户知识付费行为影响因素研究 [J]. 图书情报知识，2018（4）：15-23.

[80] 李钢，卢艳强，滕树元 . 用户在线知识付费行为研究——基于计划行为理论 [J]. 图书馆学研究，2018（10）：49-60.

[81] 黄彬 . 网络社区知识服务的购买意愿研究 [D]. 上海：华东师范大学，2017.

[82] 田加坤 . 虚拟社区用户对付费知识接受意愿的影响因素研究 [D]. 山西：山西财经大学，2018.

[83] 张铮，邓妍方 . 知识付费行为支付意愿的影响因素 [J]. 现代教育技术，2018，28（11）：86-92.

[84] 李武，艾鹏亚，谢蓉 . 基于感知价值视角的在线支付问答平台用户付费意愿研究 [J]. 图书情报知识，2018（4）：4-14.

[85] 李武，许耀心，丛挺 . 在线支付问答平台用户感知价值对付费意愿的影响——基于过去行为的调节效应分析 [J]. 新闻界，2018(10)：92-100.

[86] 李偲，沈超海 . 知识付费平台会员服务价值感知对消费意愿的

影响——基于大学生群体的实证分析 [J]. 中国出版，2022（12）：22–25.

[87] 张帅，王文韬，李晶. 用户在线知识付费行为影响因素研究 [J]. 图书情报工作，2017，61（10）：94–100.

[88] 范建军. 移动知识付费平台评论分析——以"得到"App 为例 [J]. 图书馆学究，2018（5）：67–70，82.

[89] 张薇薇，朱玲. 健康知识付费产品描述的文本特征对购买量的影响 [J]. 图书馆论坛，2023，43（03）：129–140.

[90] 卢恒，张向先，张莉曼. 语音问答社区用户知识付费意愿影响因素研究——基于现状偏差的视角 [J]. 情报科学，2019，37（6）：119–125，162.

[91] 朱祖平，张丽平. 社群服务背景下在线知识付费产品用户持续付费意愿研究 [J]. 东南学术，2020（5）：158–166.

[92] 李武，艾鹏亚，许耀心. 在线支付问答平台的用户付费模式及付费意愿研究 [J]. 图书情报工作，2018，62（13）：24–29.

[93] 魏武，谢兴政. 线上知识付费用户继续付费意向影响因素研究 [J]. 数据分析与知识发现，2020，4（8）：119–129.

[94] 邓胜利，蒋雨婷. 用户交互特征对知识付费行为预测的贡献度研究 [J]. 图书情报工作，2020，64（8）：93–102.

[95] 陈昊，焦微玲，李文立. 消费者知识付费意愿实证研究——基于试用视角 [J]. 现代情报，2019，39（2）：136–144.

[96] 齐托托，赵宇翔，汤健，等. 在线评论对知识付费产品购买决策的影响研究——卖家回复的调节作用 [J]. 南开管理评论，2022，25（2）：147–158.

[97] 赵菲菲，渠性怡，周庆山. 在线问答社区用户知识付费意愿影响因素实证研究 [J]. 情报资料工作，2019，40（1）：89–97.

[98] 严炜炜，陈若瑜，张敏. 基于元分析的在线知识付费意愿影响因素研究 [J]. 情报学报，2021，40（2）：204–212.

[99] 苏鹭燕，李瀛，李文立. 用户在线知识付费影响因素研究：基于信任和认同视角 [J]. 管理科学，2019，32（4）：90-104.

[100] 李武，艾鹏亚，曹旭诚. 神经质人格与知识付费意愿：有调节的中介效应分析 [J]. 图书与情报，2020（4）：28-35.

[101] 赵保国，姚瑶. 用户持续使用知识付费 App 意愿的影响因素研究 [J]. 图书馆学研究，2017（17）：96-101.

[102] 宋金倩. 线上知识付费用户持续使用意愿影响因素的研究 [D]. 山东：山东大学，2018.

[103] 刘齐平，何国卿，王伟军. 基于质性分析的知识付费平台用户持续使用行为研究 [J]. 情报科学，2019，37（7）：133-138.

[104] 金鑫，朱亮亮. 知识付费平台用户持续使用意愿的影响因素分析 [J]. 传媒，2020（14）：73-76.

[105] 陈娟，李金旭. 大学生知识付费产品使用偏好研究——以广州大学城十所高校为例 [J]. 现代传播（中国传媒大学学报），2019，41（12）：119-126.

[106] 陈月盈，张潇潇. 仅仅是"知识"吗？——服务质量、社群建设与知识付费用户的持续使用意愿 [J]. 中国出版，2022,527(6)：58-62.

[107] 张杨燚，彭子健，刘齐凯. 问答平台用户付费围观持续参与意愿的影响因素 [J]. 图书馆论坛，2018，38（6）：86-94.

[108] 齐云飞，赵宇翔，刘周颖，等. 免费与付费在线问答社区用户参与行为的比较研究 [J]. 图书情报工作，2020，64（2）：105-115.

[109] 赵庆亮，王培勇，陈吉. 付费问答社区用户围观行为研究 [J]. 数字图书馆论坛，2019（11）：12-20.

[110] 单英骥，邵鹏. 在线教育社区主播网络嵌入与付费知识持续分享效果研究 [J]. 现代情报，2020，40（6）：68-75+97.

[111] 金鑫. 知识付费平台用户采纳意愿影响因素实证分析 [J]. 中国出版，2020（20）：50-54.

[112] 刘齐平，王伟军，何国卿. 基于社会资本理论的线下知识付费平台用户选择行为研究 [J]. 图书馆学研究，2019（22）：34–41+72.

[113] Fishbein, Martin, Ajzen, et al. Belief, Attitude, Intention and Behaviour: an introduction to theory and research[M].Reading, MA: Addison–Wesley, 1975.

[114] Ajzen I. From Intentions to Actions: A Theory of Planned Behavior[M]. Springer, Berlin Heidelberg, 1985:11–39.

[115] Davis F D. A technology acceptance model for empirically testing new end–user information systems : Theory and results[J]. Ph.d.dissertation Massachusetts Institute of Technology, 1986.

[116] Venkatesh V , Davis F D . A Model of the Antecedents of Perceived Ease of Use: Development and Test[J]. Decision Sciences, 1996, 27(3):451–481.

[117] Venkatesh V, Davis F D. A Theoretical Extension of the Technology Acceptance Model: Four Longitudinal Field Studies[J]. Management Science, 2000, 46(2):186–204.

[118] Venkatesh V, Bala H. Technology acceptance model 3 and a research agenda on interventions.[J]. Decision Sciences, 2010, 39(2):273–315.

[119] Venkatesh V, Morris M G, Davis G B, et al. User Acceptance of Information Technology: Toward a Unified View[J]. Mis Quarterly, 2003, 27(3):425–478.

[120] Venkatesh V, Thong J Y L, Xu X. Consumer Acceptance and Use of Information Technology: Extending the Unified Theory of Acceptance and Use of Technology[J]. Social Science Electronic Publishing, 2012, 36(1):157–178.

[121] 孙建军，成颖，柯青. TAM 与 TRA 以及 TPB 的整合研究 [J]. 现代图书情报技术，2007（8）：40–43.

[122] Davis F D. Perceived Usefulness, Perceived Ease of Use, and User

Acceptance of Information Technology[J]. Mis Quarterly, 1989, 13(3):319–340.

[123] Oliver R L. A Cognitive Model of the Antecedents and Consequences of Satisfaction Decisions[J]. Journal of Marketing Research, 1980, 17(4):460–469.

[124] Bhattacherjee A. Understanding information systems continuance: an expectation–confirmation model[J]. Management Information Systems Quarterly, 2001, 25(3): 351–370.

[125] Taylor S, Todd P. Decomposition and crossover effects in the theory of planned behavior: A study of consumer adoption intentions[J]. International Journal of Research in Marketing, 1995, 12(2):137–155.

[126] Cheng E W, Chu S K. Students' online collaborative intention for group projects: Evidence from an extended version of the theory of planned behaviour[J]. International Journal of Psychology Journal, 2016, 51(4):296–300.

[127] 黄顺铭. 虚拟社区里的知识分享: 基于两个竞争性计划行为理论模型的分析 [J]. 新闻与传播研究, 2018, 25（6）: 52–76, 127.

[128] Hsu M H, Chiu C M. Internet self–efficacy and electronic service acceptance[J]. Decision Support Systems, 2004, 38(3):369–381.

[129] Luarn P, Lin H H. Toward an understanding of the behavioral intention to use mobile banking[J]. Computers in Human Behavior, 2005, 21(6):873–891.

[130] Yi M Y, Jackson J D, Park J S, et al. Understanding information technology acceptance by individual professionals: Toward an integrative view[J]. Information & Management, 2006, 43(3):350–363.

[131] Herrero Crespo, Ángel, Rodríguez del Bosque, Ignacio. The effect of innovativeness on the adoption of B2C e–commerce: A model based on the Theory of Planned Behaviour[J]. Computers in Human

Behavior, 2008, 24(6):2830–2847.

[132] Limayem M, Khalifa M, Frini A, et al. What makes consumers buy from Internet? A longitudinal study of online shopping[J]. systems man and cybernetics, 2000, 30(4): 421–432.

[133] 刘遗志，汤定娜. 消费者创新性对移动购物行为的影响机制研究——基于计划行为理论视角 [J]. 大连理工大学学报（社会科学版），2015，36（3）：40–46.

[134] Bhattacherjee A, Lin C. A unified model of IT continuance: three complementary perspectives and crossover effects[J]. European Journal of Information Systems, 2015, 24(4): 364–373.

[135] Ajzen I.Constructing a TPB Questionnaire:Conceptual and Methodological Considerations[J] Working Paper, University of Massachusetts, Amherst, 2002.

[136] 席林娜，窦永香. 基于计划行为理论的微博用户转发行为影响因素研究 [J]. 数据分析与知识发现，2019，3（2）：13–20.

[137] 张宝建，张晓空，裴博，等. 感知价值、认知过程和行为意向：MOOC 学习行为的构型分析 [J]. 中国远程教育，2019（9）：72–82, 93.

[138] 邹波. 游客旅游意向影响因素——基于计划行为理论的分析 [J]. 社会科学家，2021，291（7）：40–45.

[139] 陶志梅，苏璐丹. 政府开放数据用户使用意愿影响因素研究——基于自我效能理论和计划行为理论 [J]. 管理学刊，2022，35（6）：112–127.

[140] Limayem M, Hirt S G, Cheung C M K. How habit limits the predictive power of intention: the case of information systems continuance[J]. Mis Quarterly, 2007, 31(4):705–737.

[141] Doong H S, Lai H. Exploring Usage Continuance of E-Negotiation Systems: Expectation and Disconfirmation Approach[J]. Group

Decision & Negotiation, 2008, 17(2):111–126.

[142] Limayem M, Cheung C M K. Understanding information systems continuance: The case of Internet–based learning technologies[J]. Information & Management, 2008, 45(4):227–232.

[143] Kim B. An empirical investigation of mobile data service continuance: Incorporating the theory of planned behavior into the expectation–confirmation model[J]. Expert Systems with Applications, 2010, 37(10):7033–7039.

[144] Kim B. Understanding Antecedents of Continuance Intention in Social–Networking Services[J]. Cyberpsychology, Behavior, and Social Networking, 2011, 14(4): 199–205.

[145] Lee Y, Kwon O. Intimacy, familiarity and continuance intention: An extended expectation–confirmation model in web–based services[J]. Electronic Commerce Research & Applications, 2011, 10(3):342–357.

[146] Chang Y P, Zhu D H. The role of perceived social capital and flow experience in building users' continuance intention to social networking sites in China[J]. Computers in Human Behavior, 2012, 28(3): 995–1001.

[147] Hsiao C H, Chang J J , Tang K Y . Exploring the influential factors in continuance usage of mobile social Apps: Satisfaction, habit, and customer value perspectives[J]. Telematics and Informatics, 2016, 33(2):342–355.

[148] Yoon C, Rolland E. Understanding Continuance Use in Social Networking Services[J]. Journal of Computer Information Systems, 2015, 55(2): 1–8.

[149] 陈明红，漆贤军，刘莹. 移动图书馆持续使用意向及习惯的调节作用 [J]. 情报科学，2016，34（6）：125–132.

[150] 钱瑛. 在线学习用户持续使用行为的影响因素研究——基于社会

化网络环境和学情定位视角 [J]. 现代情报，2015（3）：50-56.

[151] 杨根福. MOOC 用户持续使用行为影响因素研究 [J]. 开放教育研究，2016，22（1）：100-111.

[152] 杨根福. 移动阅读用户满意度与持续使用意愿影响因素研究——以内容聚合类 App 为例 [J]. 现代情报，2015（3）：57-63.

[153] 李武，赵星. 大学生社会化阅读 App 持续使用意愿及发生机理研究 [J]. 中国图书馆学报，2016（1）：52-65.

[154] 赵宇翔. 知识问答类 SNS 中用户持续使用意愿影响因素的实证研究 [J]. 图书馆杂志，2016（9）：25-37.

[155] 王卫，史锐涵，李晓娜. 基于心流体验的在线学习持续意愿影响因素研究 [J]. 中国远程教育，2017（5）：17-23, 79.

[156] 赵文军，易明，王学东. 社交问答平台用户持续参与意愿的实证研究——感知价值的视角 [J]. 情报科学，2017（2）：69-74, 91.

[157] 王哲. 社会化问答社区知乎的用户持续使用行为影响因素研究 [J]. 情报科学，2017（1）：78-83, 143.

[158] Kaba B. Modeling information and communication technology use continuance behavior: Are there differences between users on basis of their status?[J]. International Journal of Information Management, 2018, 38(1):77-85.

[159] Bae M. Understanding the effect of the discrepancy between sought and obtained gratification on social networking site users'satisfaction and continuance intention[J]. Computers in Human Behavior, 2018,79,137-154.

[160] Gan C, Li H, Gan C, et al. Understanding the effects of gratifications on the continuance intention to use WeChat in China: A perspective on uses and gratifications[J]. Computers in Human Behavior, 2018, 78:306-315.

[161] Margaret Meiling Luo, Sophia Chea. Cognitive appraisal of inlideut

handling offects, and post–adoption behaviors: A test of affective events theory[J]. International Journal of Information Managment, 2018, 40：120–131.

[162] 郑美玉. 基于 SOR 框架的手机图书馆用户持续使用影响因素研究 [J]. 图书馆工作与研究, 2018（4）: 52–58.

[163] 李琪, 李欣, 殷猛. 移动团购的持续使用意愿研究——ECM 与 IS 成功理论的比较与整合研究 [J]. 现代情报, 2018, 38（2）: 53–61.

[164] 张继东, 蔡雪. 基于用户行为感知的移动社交网络信息服务持续使用意愿研究 [J]. 现代情报, 2019（1）: 70–77.

[165] 孟猛, 朱庆华. 移动社交媒体用户持续使用行为研究 [J]. 现代情报, 2018, 38（1）: 5–18.

[166] 甘春梅, 许嘉仪, 朱妍婷. 社会化问答社区用户持续使用意向实证研究 [J]. 情报科学, 2018, 36（2）: 107–112.

[167] 刘毅, 张庭松. 移动新闻 App 持续使用意向的影响因素研究——基于信息系统持续使用的期望确认模型之拓展 [J]. 西南民族大学学报（人文社科版）, 2020, 41（3）: 151–156.

[168] 郭财强, 明均仁. 移动图书馆用户持续使用意愿整合模型及其实证研究 [J]. 现代情报, 2020, 40（9）: 79–89.

[169] 童清艳, 赵倩蓓. 短视频用户持续使用意愿影响因素研究——以李子柒系列短视频用户为例 [J]. 新闻与写作, 2021（5）: 54–61.

[170] 黄炜, 沈欣芸, 李伟卿. 视频博客 Vlog 用户的持续使用行为影响因素研究——以 Bilibili 为例 [J]. 现代情报, 2022, 42（6）: 69–79.

[171] Bhattacherjee A, Premkumar G. Understanding Changes in Belief and Attitude toward Information Technology Usage: A Theoretical Model and Longitudinal Test[J]. Mis Quarterly, 2004, 28(2):229–254.

[172] Bhattacherjee A, Sanford C. Influence Processes for Information Technology Acceptance: An Elaboration Likelihood Model[J]. Mis

Quarterly, 2006, 30(4):805–825.

[173] Premkumar G, Bhattacherjee A. Explaining information technology usage: A test of competing models[J]. Omega–international Journal of Management Science, 2008, 36(1): 64–75.

[174] Thong J Y, Hong S, Tam K Y, et al. The effects of post–adoption beliefs on the expectation–confirmation model for information technology continuance[J]. International Journal of Human–computer Studies, 2006, 64(9): 799–810.

[175] Chen S, Liu M, Lin C, et al. Integrating Technology Readiness into the Expectation–Confirmation Model: An Empirical Study of Mobile Services[J]. Cyberpsychology, Behavior, and Social Networking, 2013, 16(8): 604–612.

[176] Tian X F, Wu R Z. Determinants of the mobile health continuance intention of elders with chronic diseases: an integrated framework of ECM–ISC and UTAUT[J]. International Journal of Environmental Research and Public Health, 2022,19(16), 9980.

[177] 杨小峰，徐博艺. 政府门户网站的公众持续使用行为研究 [J]. 情报杂志，2009，28（5）：19–22, 33.

[178] Davis F D, Bagozzi R P, et al. Extrinsic and intrinsic motivation to use computers in the workplace. Journal of Applied Social Psychology, 1992,22(14), 1111–1132.

[179] Venkatesan M, Nicosia F M, Wind Y, et al. Behavioral Models for Market Analysis: Foundations for Marketing Action[J]. Journal of Marketing Research, 1978,15(3),495.

[180] Engel J F, Blackwell R D, Miniard P W. Consumer behavior [M]. Chicago: The Dryden Press, 6thed, 1990.536.

[181] Zhu F, Zhang X. Impact of Online Consumer Reviews on Sales: The Moderating Role of Product and Consumer Characteristics[J]. Journal

of Marketing, 2010,74(2):133-148.

[182] 倪红耀. B2C 电子商务消费者重复购买影响因素研究——基于结构化方程模型的实证研究 [J]. 消费经济，2013，29（3）：60-64.

[183] 卢琦蓓. 面向电商平台客户持续购买问题的情境化推荐模型研究 [D]. 浙江工商大学，2016.

[184] 涂洪波，胥草森，赵晓飞. O2O 生鲜电商平台消费者重购意愿影响机制 [J]. 中国流通经济，2021，35（4）：38-47.

[185] Ajzen I, Fishbein M. Understanding attitudes and predicting social behavior[M]. PRENTICE-HALL, 1980.

[186] Ajzen I. Attitudes, Traits, and Actions: Dispositional Prediction of Behavior in Personality and Social Psychology[J]. Advances in Experimental Social Psychology,1987: 1-63.

[187] Ajzen I. The Theory of Planned Behavior[J]. In Organizational Behavior and Human Decision Processes, 1991,50(2),179-211.

[188] Armitage C J, Conner M. Efficacy of the Theory of Planned Behaviour: a meta-analytic review [J]. British Journal of Social Psychology, 2001, 40(4): 471-499.

[189] Mathieson K. Predicting User Intentions: Comparing the Technology Acceptance Model with the Theory of Planned Behavior[J]. Information Systems Research, 1991, 2(3):173-191.

[190] Taylor S, Todd P A. Understanding Information Technology Usage: A Test of Competing Models[J]. Information Systems Research, 1995b, 6(2): 144-176.

[191] Deutsch M, Gerard H B. A study of normative and informational social influences upon individual judgment[J]. Journal of Abnormal Psychology, 1955, 51(3): 629-636.

[192] Kelman H C. Compliance, identification, and internalization three processes of attitude change[J]. Journal of Conflict Resolution, 1958,

2(1):51–60.

[193] Bandura A. Self–efficacy : Toward a Unifying Theory of Behavioral Change[J]. Psychological Review, 1977, 84(2): 191–215.

[194] Chiu C, Hsu M H, Sun S, et al. Usability, quality, value and e–learning continuance decisions[J]. Computers in Education, 2005, 45(4): 399–416.

[195] Moore G C, Benbasat I. Development of an Instrument to Measure the Perceptions of Adopting an Information Technology Innovation[J]. Information Systems Research, 1991, 2(3):192–222.

[196] Mcknight D H, Choudhury V, Kacmar C J, et al. Developing and Validating Trust Measures for e–Commerce: An Integrative Typology[J]. Information Systems Research, 2002, 13(3): 334–359.

[197] Kim S S, Son J Y. Out of Dedication or Constraint? A Dual Model of Post–Adoption Phenomena and Its Empirical Test in the Context of Online Services[J]. Mis Quarterly, 2009, 33(1):49–70.

[198] Steinmetz H, Knappstein M, Ajzen I, et al. How Effective are Behavior Change Interventions Based on the Theory of Planned Behavior?: A Three–Level Meta–Analysis[J]. Zeitschrift Für Psychologie, 2016,224(3):216–233.

[199] 李武, 胡泊. 声音的传播魅力: 基于音频知识付费情境的实证研究 [J]. 新闻大学, 2020（12）: 49–60, 120.

[200] 赵婉颖. 社交因素对用户移动阅读持续使用的影响研究 [J]. 图书馆学研究, 2016（20）: 87–95.

[201] 刘周颖, 赵宇翔. 基于语音互动的付费知识问答社区运营模式初探——以分答和值乎为例 [J]. 图书与情报, 2017（4）: 38–46.

[202] Roma P, Ragaglia D. Revenue models, in–app purchase, and the app performance: Evidence from Apple's App Store and Google Play[J]. Electronic Commerce Research & Applications, 2016,17:173–190.

[203] Sullivan Y W, Dan J K. Assessing the effects of consumers' product

evaluations and trust on repurchase intention in e-commerce environments[J]. International Journal of Information Management, 2018, 39:199–219.

[204] Chong Y L, Chan F T S, Ooi K B. Predicting consumer decisions to adopt mobile commerce: Cross country empirical examination between China and Malaysia[J]. Decision Support Systems, 2012, 53(1):34–43.

[205] Yoon C. Extending the TAM for Green IT: A normative perspective[J]. Computers in Human Behavior, 2018, 83:129–139.

[206] Mishra D, Akman I, Mishra A. Theory of Reasoned Action application for Green Information Technology acceptance[J]. Computers in Human Behavior, 2014, 36(2):29–40.

[207] You J W, Kang M. The role of academic emotions in the relationship between perceived academic control and self-regulated learning in online learning[J]. Computers & Education, 2014, 77(8):125–133.

[208] 克叶尔·埃瑞克·鲁德斯坦，雷·R. 牛顿. 顺利完成硕博论文：关于内容和过程的贴心指导 [M]. 席仲恩，等，译 .3 版 . 重庆：重庆大学出版社，2014.

[209] Li Z, Cheng Y. From free to fee: Exploring the antecedents of consumer intention to switch to paid online content[J]. Journal of Electronic Commerce Research, 2014, 15(4):281–299.

[210] Schmitt B H. Experiential Marketing: How to Get Customers to Sense, Feel, Think, Act, and Relate to Your Company and Brand. The Free Press, New York，1999.

[211] Gefen D, Karahanna E, Straub D W. Trust and TAM in Online Shopping: An Integrated Model[J]. Mis Quarterly, 2003, 27(1):51–90.

[212] Liao C, Chen J L, Yen D C. Theory of planning behavior (TPB) and customer satisfaction in the continued use of e-service: An integrated model[J]. Computers in Human Behavior, 2007, 23(6):2804–2822.

[213] 袁荣俭. 知识付费 [M]. 北京：机械工业出版社，2018.

[214] Bentler P M, Bonett D G. Significance tests and goodness of fit in the analysis of covariance structures[J]. Psychological Bulletin, 1980, 88(3):588–606.

[215] Mcdonald R P, Ho M R. Principles and practice in reporting structural equation analyses[J]. Psychological Methods, 2002, 7(1): 64–82.

[216] Seyal A, Rahman M N A, Mahbuburrahim M. Determinants of academic use of the Internet: A structural equation model[J]. Behaviour & Information Technology, 2002, 21(1):71–86.

[217] Hair J F, Anderson R E, Tatham R L, et al. Multivariate Data Analysis[M], 7th ed. Prentice–Hall: New Jersey, 2010.

[218] Bentler P M.EQS structural equations program manual[C]. Los Angeles, CA: BMDP Statisticsl Software. 1995.

[219] Podsakoff P M, Mackenzie S B, Lee J Y, et al. Common method biases in behavioral research: a critical review of the literature and recommended remedies[J]. J Appl Psychol, 2003, 88(5):879–890.

[220] Podsakoff P M, Organ D W. Self–Reports in Organizational Research: Problems and Prospects[J]. Journal of Management, 2016, 12(4):531–544.

[221] Liang H, Saraf N, Hu Q, et al. Assimilation of enterprise systems: The effect of institutional pressures and the mediating role of top management[J]. Mis Quarterly, 2007, 31(1):59–87.

[222] Malhotra N K, Kim S S, Patil A, et al. Common Method Variance in IS Research: A Comparison of Alternative Approaches and a Reanalysis of Past Research[J]. Management Science, 2006, 52(12): 1865–1883.

[223] Rondancataluña F J, Arenasgaitán J, Ramírezcorrea P E. A comparison of the different versions of popular technology acceptance models[J]. Kybernetes, 2015, 44(5):788–805.

[224] Bolton R N, Lemon K N. A Dynamic Model of Customers' Usage of Services: Usage as an Antecedent and Consequence of Satisfaction[J]. Journal of Marketing Research, 1999, 36(2):171-186.

[225] Karahanna E, Straub D W, Chervany N L. Information Technology Adoption Across Time: A Cross-Sectional Comparison of Pre-Adoption and Post-Adoption Beliefs[J]. Mis Quarterly, 1999, 23(2):183-213.

[226] Oliver R L. Measurement and Evaluation of Satisfaction Process in Retail Settings[J]. Journal of Retailing, 1981, 57(3):25-48.

[227] Oghuma A P, Libaque-Saenz C F, Wong S F, et al. An expectation-confirmation model of continuance intention to use mobile instant messaging[J]. Telematics & Informatics, 2016, 33(1):34-47.

[228] Gefen D, Straub D W. Consumer trust in B2C e-Commerce and the importance of social presence: experiments in e-Products and e-Services[J]. Omega, 2004, 32(6):407-424.

[229] Anderson J C, Gerbing D W. Structural equation modeling in practice : A review and recommended two-step approach[J]. Psychological Bulletin, 1988, 103(3):411-423.

[230] Fornell C, Larcker D F. Evaluating Structural Equation Models with Unobservable Variables and Measurement Error[J]. Journal of Marketing Research, 1981,18(1):39-50.

[231] Robinson J P, Shaver P R, Wrightsman L S. Measures of Personality and Social Psychological Attitudes[M]. Academic Press, San Diego, 1991.

[232] 李武. 在线知识付费平台: 何去何从? [J]. 图书情报知识, 2018 (3):2.

[233] Kelsy D. Most Surfers Shun Paying for Content, Newsbyes[EB/OL], [2002-3-08]. http://www. Newsbytes.com.

[234] Gneezy A, Gneezy U, Riener G, et al. Pay-what-you-want, identity,

and self–signaling in markets[J]. Proceedings of the National Academy of Sciences of the United States of America, 2012, 109(19):7236–7240.

[235] Guinea A O D, Markus M L. Why Break the Habit of a Lifetime? Rethinking the Roles of Intention, Habit, and Emotion in Continuing Information Technology Use[J]. Mis Quarterly, 2009, 33(3):433–444.

[236] Sniehotta F F, Presseau J, Araújo–Soares V. Time to Retire the Theory of Planned Behaviour[J]. Health Psychol Rev, 2014,8(1):1–7.

[237] Sheppard B H, Hartwick J, Warshaw P R. The Theory of Reasoned Action: A Meta–Analysis of Past Research with Recommendations for Modifications and Future Research[J]. Journal of Consumer Research, 1988, 15(3):325–343.

[238] 温忠麟, 叶宝娟. 中介效应分析: 方法和模型发展 [J]. 心理科学进展, 2014, 22（5）: 731–745.

[239] Bollen K A, Stine R. Direct and Indirect Effects: Classical and Bootstrap Estimates of Variability[J]. Sociological Methodology, 1990, 20（1）: 115–140.